# COSIMA

ou

## LA HAINE DANS L'AMOUR.

IMPRIMERIE D'AMÉDÉE GRATIOT ET Cᶜ,
11, rue de la Monnaie.

# COSIMA

OU

## LA HAINE DANS L'AMOUR

DRAME EN CINQ ACTES

*PRÉCÉDÉ D'UN PROLOGUE*

PAR

## GEORGE SAND

Paris

**FÉLIX BONNAIRE, ÉDITEUR**
RUE DES BEAUX-ARTS, N. 10

**CHARLES TRESSE**
*SUCCESSEUR DE J.-B. BARBA*
PALAIS ROYAL, GALERIE DE CHARTRES, N. 2 et 3

**1840**

La première représentation du drame de *Cosima* a été fort mal accueillie au Théâtre-Français. L'auteur ne s'est fait illusion ni la veille ni le lendemain sur l'issue de cette soirée. Il attend fort paisiblement un auditoire plus calme et plus indulgent. Il a droit à cette indulgence, il y compte. Il n'est peut-être pas plus ignorant qu'un autre de ce qu'on appelle l'art dramatique, car il a vu représenter beaucoup de chefs-d'œuvre classiques; il en a senti profondément les beautés, et il a sincèrement admiré le mérite des œuvres remarquables de ses contemporains; mais il a voulu faire à sa manière et ne prendre conseil d'aucun d'eux. Il se sentait impuissant à produire de grands effets de situation, et il ne comprenait pas la nécessité de tenter une voie au-dessus de ses forces, dans un temps où l'énergie du drame a été portée si haut par de plus grands talents que le sien. Il a voulu marcher terre-à-terre et ne prendre qu'une face de leur manière. Plus modeste et moins ambitieux qu'on ne croit, il a été persuadé (et il l'est encore) qu'on pourrait intéresser aussi par le développement d'une passion sans incidents étrangers, sans surprise, sans terreur. Ce serait un intérêt d'un autre genre, un intérêt moins saisissant, moins rapide, sans doute; mais, dans tous les arts, chaque artiste exprime le sentiment qu'il a de la vie, dans la mesure de ses facultés, ou selon l'inspiration qu'il en reçoit au moment de son travail. S'il ne réussit pas à faire aimer son œuvre, c'est sa faute, sans nul doute, et c'est à son peu de talent qu'il doit s'en prendre. Mais lui contester avec emportement ou avec ironie le droit d'essayer une manière, n'est pas le fait d'un public artiste et judicieux.

L'auteur de *Cosima* abandonne donc de bon cœur à la critique le droit de condamner son œuvre, mais il ne lui reconnaît pas celui d'interdire à qui que ce soit l'emploi d'une forme aussi compliquée ou aussi simple que possible. Parmi les drames de pur sentiment, personne n'admire et n'aime plus que lui *Marion de Lorme, Antony, Chatterton, la Fille du Cid*. Et pourtant ce sont là des génies bien divers, des écoles bien distinctes. Il n'a pas eu la témérité de vouloir faire enregistrer son nom à côté de noms illustrés dans les archives du théâtre moderne. Il n'a pas voulu *prouver* que le *romancier* pouvait cumuler et joindre à son titre celui de *dramaturge*. Il déclare ne rien comprendre à ces questions d'amour-propre, et il est bien certain que les vrais auteurs dramatiques de son temps ne s'en préoccupent pas plus que lui. Ils ont laissé poindre des talents inférieurs, ils ont applaudi ou pardonné à des tentatives plus ou moins heureuses; ils verraient, sans colère, s'établir un genre de productions théâtrales naïves, analytiques de sentiments intimes, qui, sans avoir la prétention de changer le goût du public à l'égard des choses grandes et solennellement acceptées, l'habitueraient à savoir changer d'émotions et à s'intéresser aux petits événements de la famille après avoir frémi et applaudi avec transport au spectacle des grandes passions et des faits éclatants. En un mot, ils verraient sans s'alarmer, à coup sûr, d'humbles chaumières s'élever à côté de leurs superbes portiques, et eux-mêmes, dans un jour de délassement, ils pourraient s'essayer à ce genre, comme on fait une chanson après un poëme, un paysage après un tableau d'histoire.

Mais une portion du public, qui veut voir partout présomption et rivalité, repousse avec précipitation ce qui dérange ses habitudes et ce qui n'est pas l'imitation servile des maîtres. Le public s'éclairera avec le temps, et, si la tentative de *Cosima* est repoussée, elle n'en ouvrira pas moins la porte à l'introduction d'une liberté nécessaire au théâtre. Les grands artistes font accepter ce qu'ils veulent, et l'auteur sifflé hier le répète sans amertume, le mauvais accueil qu'il a reçu ne prouve rien contre ceux qui, avec plus de talent que lui, marcheront dans la voie qu'il indique.

L'auteur de *Cosima* n'en dira pas davantage pour justifier son essai dramatique en tant que production littéraire; mais il protestera avec force contre l'immoralité prétendue de son sujet. On a crié à l'indécence durant la première représentation, avec une pensée d'interprétation si peu décente, que les gens d'un sentiment vraiment chaste se seraient volontiers voilé la face devant un public livré à des préoccupations si graveleuses. *Comment m'aimez-vous?* a semblé une équivoque malhonnête. *Quel est donc mon crime?* a excité des rires de mépris et d'indignation vraiment burlesques. L'auteur confesse qu'il riait aussi, au fond de sa loge, mais ce n'était pas de sa pièce seulement.

L'auteur d'*Indiana* et de *Jacques* a voulu mettre en scène l'intérieur d'un ménage. Il l'a fait souvent, il le fera souvent encore, n'importe sous quelle forme et devant quel public. Il y a beaucoup de choses dans ce sujet-là, et il y en a qu'on ne doit pas craindre de répéter toujours, au risque d'être accusé de stérilité ou d'obstination. La gloire de l'homme de lettres paraît fort légère à sacrifier, quand on a une pensée sérieuse et une volonté tranquille dans l'âme. C'est fort peu de chose que d'être raillé, je vous assure; et je le dis à vous, jeunes artistes qui tremblez d'aborder telle ou telle carrière: si vous avez dans le cœur une bonne et généreuse conviction, vous ne sentirez pas le plus petit battement de cœur à cette première rencontre avec la masse, qu'on peut appeler sur toutes les scènes du monde *le lever du rideau*. Eussiez-vous caressé quelque désir de fortune ou de gloire, vous sentirez votre personnalité s'évanouir comme un rêve, à l'approche de ce combat où la vérité (le véritable enfant de vos entrailles, et non pas l'œuvre de l'artiste, mais celle de Dieu en vous) va lutter contre le préjugé ou l'ignorance. Vous vous sentirez bien fort, non pas comme artiste (qu'importe le sort de l'artiste?), mais comme homme, et c'est de cela que vous serez fier si, par malheur, vous vous trouvez ce jour-là le seul homme de l'assemblée!

Ce malheur ne m'est point arrivé. Il y a eu dans l'auditoire des esprits généreux et sincères qui, sans s'abuser sur le peu de talent de l'auteur, ont sympathisé avec la pensée de son ouvrage. C'est pour cela que je ne suis point triste d'avoir entendu des murmures et des imprécations ; j'ai entendu aussi des encouragements et des vœux au-dessus de la région où éclatent ces sortes d'orages, et je n'ai point attribué ces applaudissements à l'éloquence de mon plaidoyer, mais à la vérité de ma cause. C'est pourquoi ils m'ont été doux et me tranquillisent sur l'avenir de mes croyances. Non, tous les hommes d'aujourd'hui ne sont pas livrés à des pensées de despotisme et de cruauté. Non, la vengeance n'est pas le seul sentiment, le seul devoir de l'homme froissé dans son bonheur domestique et brisé dans les affections de son cœur. Non, la patience, le pardon et la bonté ne sont pas ridicules aux yeux de tous ; et si la femme est encore faible, impressionnable et sujette à faillir, dans le temps où nous vivons, l'homme qui se pose auprès d'elle en protecteur, en ami et en mé-decin de l'âme, n'est ni lâche ni coupable : c'est là l'immoralité que j'ai voulu proclamer. L'idée n'était pas neuve ; la religion du Christ l'avait proclamée avant moi, et, si j'avais présenté le caractère d'un époux vraiment apostolique, j'aurais excité bien d'autres murmures. Je ne l'ai pas fait, parce que je ne suis pas catholique, je l'avoue. Si je l'étais, j'aurais le courage nécessaire pour le proclamer, même sur les planches d'un théâtre. Mais si j'ai porté comme bien d'autres sur l'avenir des regards plus avides que ne le permet l'Église, je n'ai point abjuré la plus belle partie des vérités évangéliques, celle qui moralise les légitimes affections et combat les instincts farouches.

GEORGE SAND.

# COSIMA

OU

LA HAINE DANS L'AMOUR.

LE DUC DE FLORENCE.

ALVISE PETRUCCIO, bourgeois et négociant de
Florence.

COSIMA, sa femme.

NÉRI.

ORDONIO ÉLISÉI, riche Vénitien.

LE CHANOINE DE SAINTE-CROIX, oncle de
Cosima.

FARGANACCIO,<br>
MALAVOLTI, } voisins et amis d'Alvise.

LE BARIGEL.

TOSINO, page d'Ordonio Éliséi.

PASCALINA, servante d'Alvise.

GONELLE, serviteur d'Alvise.

UN VALET D'ORDONIO.

ESTAFIERS du Barigel.

LA SCÈNE SE PASSE A FLORENCE.

# PROLOGUE.

# PROLOGUE.

L'intérieur d'une église. — Le soir. — Une lampe allumée au fond. —
Un confessionnal à la droite du spectateur est placé au premier plan. —
Le second plan est sombre. — Dans le fond de la nef, on distingue
quelques personnes agenouillées, éparses, qui peu à peu se retirent
durant les premières scènes.

## Scène première.

### COSIMA, NÉRI.

Cosima est à genoux un peu en avant du second plan, dans l'attitude de
la prière, le dos presque tourné au spectateur. Néri, debout à quelques
pas d'elle, la barrette à la main, est appuyé contre une colonne dans
une attitude méditative. Cosima lui fait un signe, et il se rapproche
d'elle. Elle se tourne à demi pour lui parler.


COSIMA.

Mon bon Néri, écoute : rends-moi un service. Va trouver mon oncle le chanoine. A cette heure-ci, il est presque toujours dans la sacristie. Tiens, par là ! cette porte
au fond de la nef. Dis-lui que j'ai quelque chose de par-
ticulier à lui confier tout de suite. Il ne me refusera pas,
lors même qu'il serait occupé. Il est si bon pour moi !...
Dis-lui que je me repens de le déranger, mais que je ne
puis rentrer chez moi sans lui avoir parlé.

NÉRI.

Vous laisserai-je seule ?

COSIMA.

Que pourrais-je craindre dans ce saint lieu ? Va, et reviens vite.

(Néri s'éloigne.)

# Scène II.

Cosima en prière, sur le premier plan. Ordonio Éliséi entre par la cou-
lisse de droite derrière le confessionnal. Il est suivi de Tosino vêtu en
femme et voilé (costume pareil à celui que porte Cosima). Ils se tiennent au premier plan. Cosima leur tourne le dos.

ORDONIO, montrant Cosima.

La voici. Page, fais bien ton devoir. Va m'attendre dans
cette chapelle. (Il lui montre une chapelle latérale derrière le confessionnal.)
A mon premier signal, reviens ici et fais comme je t'ai
dit. Ne va pas t'endormir au moins !

TOSINO.

Soyez tranquille : je ne perdrai pas mon homme de
vue, et je saurai jouer mon rôle. (Montrant la chapelle.)
Celle-ci ?

ORDONIO.

Bien ! — Vite ! — (Regardant Cosima qui est toujours absorbée dans
sa prière.) Prie, prie ! Le ciel n'exaucera point des vœux
insensés. Il t'a créée pour vivre et non pour languir,
pour céder et non pour vaincre. Je sens en moi une
force supérieure à toutes les menaces de la religion, à
toutes les terreurs de l'enfer !

(Néri reparaît au fond, et, un instant après, le chanoine le suit.)

Les voici. Où me cacherai-je? (Regardant le confessionnal.) Eh! où
donc mieux ? Ah! jeune femme, tu parleras bien bas si
les secrets de ton cœur échappent à l'oreille d'un amant!

(Il se cache derrière le confessionnal.)

# Scène III.

Les précédents, NÉRI, LE CHANOINE.

NÉRI, à Cosima.

Voici votre oncle. Je m'éloigne pour ne pas gêner vos
confidences. Je vous attendrai au pied de la chaire.

COSIMA.

C'est bien! merci, mon ami; que Dieu récompense ton
zèle et ton amitié pour moi !

( Néri s'éloigne et va s'agenouiller sous la chaire qu'on aperçoit au fond du plan.
Le chanoine s'avance, Cosima se lève, et tous deux s'approchent du second confessionnal.)

LE CHANOINE.

Vous m'avez fait demander, ma chère nièce. Vous en-
tendrai-je en confession?

COSIMA.

Oui et non, mon bon père. Je ne suis pas préparée di-
gnement au sacrement de pénitence... mon âme est trop
agitée... Je ne mérite pas l'absolution. Pourtant j'ai des
choses bien secrètes à vous dire.

LE CHANOINE.

Eh bien! nous entrerons au confessionnal; et là, sans
aucune solennité, nous causerons comme deux amis.

(Cosima s'agenouille au confessionnal, tandis que le chanoine s'assied.)

Eh bien! mon enfant, d'où vient ton inquiétude? Ton

âme fut toujours pure, et les chaines du péché te sont légères. Parle, confie-moi ta peine. Confie-la au ciel qui t'aime et qui te consolera.

COSIMA.

O mon père! ne me parlez pas avec cette bonté. J'ai commis aujourd'hui le crime dans mon cœur... Écoutez, je vous parle comme à mon seul parent, comme au guide de ma jeunesse, et aussi comme au ministre du Seigneur... Je vous dirai les choses comme elles sont. Depuis quelque temps, un homme me recherche... c'est un Vénitien... un...

LE CHANOINE.

Ne me dis pas son nom, c'est inutile.

COSIMA.

Ce n'est point inutile... ceci est plus qu'une confession, mon père, c'est une confidence. Cet homme s'appelle....

LE CHANOINE.

Ordonio Éliséi?

(Ordonio, appuyé sur le confessionnal derrière Cosima, se penche pour entendre sa réponse.)

COSIMA, baissant la voix avec abattement.

Oui, mon oncle.

(Ordonio fait un geste de triomphe.)

LE CHANOINE.

Eh bien! tu m'avais déjà parlé de ses poursuites: tu ne les as point encouragées? de ses lettres: tu ne les as pas reçues? de ses instances : tu ne les as point écoutées?

COSIMA.

Non, mon oncle. Je vous assure que s'il a conçu quelque espérance, il faut qu'il soit bien présomptueux! (Geste ironique d'Ordonio.) Mais je ne suis pas moins obsédée de ses soins. Je ne puis faire un pas dans la ville sans qu'il soit sur mes traces, et je ne puis me mettre à ma fenêtre sans qu'il soit sous mes yeux. Ces assiduités ont été remarquées. Des personnes imprudentes en ont averti mon mari. Mon mari, plus imprudent encore, n'a rien fait pour en réprimer l'insolence. Alors, j'ai bien vu que ce courtisan ferait du tort à ma réputation et troublerait la paix de mon ménage.

LE CHANOINE.

L'a-t-il donc troublée en effet?

COSIMA.

Ce matin, mon mari regardait par la fenêtre, et moi je travaillais auprès de lui; et comme il regardait toujours du côté des arcades où Ordonio Elisći se promène continuellement, je pensai qu'il le voyait peut-être en ce moment-là, et qu'il pouvait me soupçonner de l'encourager.

LE CHANOINE.

Et pourquoi votre mari aurait-il eu un pareil soupçon? Rien ne l'y autoriserait de votre part.

COSIMA.

Aussi, j'ignore pourquoi je me sentis tout à coup aussi effrayée et aussi confuse que si j'eusse en effet encouragé Ordonio à se trouver là.

LE CHANOINE.

Il y était donc?

COSIMA.

Il y était. Pourtant, je ne l'ai pas regardé, je ne l'ai pas vu. Mais ceci est un mystère pour moi, mon oncle! Chaque fois que cet homme est près de moi, j'en suis avertie secrètement par un trouble inexplicable. Y a-t-il donc des dangers si terribles que les remords y précèdent les fautes?

LE CHANOINE.

Je n'aime pas à vous entendre parler si bien de ces dangers, ma chère Cosima; je crains que vous n'ayez beaucoup trop pensé à cet homme. Mais continuez : car ce n'est pas tout?

COSIMA.

Oh! non, ce n'est pas tout! Mon mari, s'étant retourné vers moi, me vit tout à coup si émue, que j'étais près de m'évanouir. Et lui aussi devint pâle; et comme il me soutint dans ses bras pour quitter la place où nous étions, je sentis qu'il tremblait comme moi, et que comme moi il était près de défaillir.

LE CHANOINE.

Pauvre Alvise! O ciel! permettras-tu que la paix du juste soit troublée par la fantaisie coupable du premier libertin qui passe!

COSIMA.

O Alvise, mon noble mari! le plus sincère, le plus doux des hommes! Savez-vous comment il me parla? « Cosima, me dit-il, j'ai toujours eu en vous une aveugle confiance; et me préserve le ciel de vous outrager par un soupçon! Je crois en votre parole comme en celle de Dieu. Dites-moi donc que vous m'aimez. — Vous en doutez aujourd'hui, lui répondis-je, puisque vous me le demandez? — Je ne demande rien, s'écria-t-il. Est-ce que je t'interroge, moi? Je ne veux rien expliquer, ni rien comprendre. Dis-moi seulement que tu m'aimes! — O mon ami, mon soutien, mon ange, lui dis-je, comment pourrais-je ne pas t'aimer? — Eh bien! s'écria-t-il, jure-le donc! et jure aussi que tu n'aimes que moi, et que la seule pensée d'en aimer un autre n'est jamais entrée dans ton cœur. » Le ton dont il me questionnait ainsi me glaçait de crainte, car, en écoutant mes réponses, il semblait vouloir lire dans mes yeux jusqu'au fond de mon âme. Et comme je répondais d'une voix mal assurée : « Tu pourrais donc, reprit-il avec force, le jurer comme au jour de notre mariage, par tout ce qu'il y a de sacré, par la majesté de Dieu, par l'honneur, par le devoir, par le saint Évangile? » Et en même temps, il prit ma main glacée et la posa sur le livre sacré qui était là, ouvert sur une table.

LE CHANOINE.

Et vous avez juré?

COSIMA.

Je... je ne sais pas, mon père.... J'avais peur... je ne savais ce que je faisais... et je crois que j'ai juré;... oui, oui! j'ai juré sur l'Évangile.

LE CHANOINE.

Et... ensuite?...

COSIMA.

Et à peine eus-je obéi, qu'il se jeta à mes pieds, et me remercia presque en pleurant, me demandant pardon d'avoir pu exiger de moi un tel serment... C'est ainsi que nous nous sommes quittés, et aussitôt je suis accourue vers vous, mon père, afin de vous raconter tout ce qui s'est passé.

LE CHANOINE.

N'as-tu rien de plus à me confier, mon enfant?

COSIMA.

Rien, mon oncle.

LE CHANOINE.

Et pourtant, tu as commencé par t'accuser presque
d'un crime.

COSIMA.

Je me sens coupable. Il me semble que je n'oserai plus
regarder mon mari en face.

LE CHANOINE.

Mais... qu'as-tu donc aujourd'hui, ma chère Cosima?
j'ai peine à te comprendre.

COSIMA.

J'ai juré sur l'Évangile, sur ce qu'il y a de plus sacré.

LE CHANOINE.

C'est peut-être une imprudence de la part de ton mari...
mais enfin, puisque tu n'as fait qu'un serment loyal et
volontaire....

COSIMA.

Eh bien! non!. Je n'ai cédé qu'à la crainte d'affliger
Alvise; mais il y avait au-dedans de moi une voix qui
me criait : Tu mens, tu blasphèmes!

LE CHANOINE.

Cosima, serait-il vrai? Aurais-tu donné accès dans ton
cœur à un sentiment coupable? Aimerais-tu ce Vénitien?
Hélas! il n'est pas digne de toucher la main de ton mari!

COSIMA.

Oh! ne me dites pas que je l'aime!

LE CHANOINE.

Dis-moi donc que tu ne l'aimes pas!

COSIMA.

Peut-on aimer ce que l'on méprise? Eh bien! je sens

du mépris pour la conduite de cet homme léger qui , en
passant dans une ville, ne trouve rien de plus honorable,
de plus utile à entreprendre, que de ternir l'honneur
d'une femme et de détruire la confiance d'un mari.

LE CHANOINE.

J'aime à t'entendre parler ainsi. Rassure-toi donc, ma
fille ; tu n'as point fait un faux serment. Tu aimes toujours ton mari.

COSIMA.

Oh! de toute mon âme!.. Et pourtant je souffre, je
tremble.... Tenez, mon oncle, je suis bien malheureuse!
(Elle fond en larmes.)

LE CHANOINE.

O cœur de femme! éternelle énigme! Essuie ces pleurs,
Cosima ; c'est le honteux témoignage de la faiblesse.
Pourrais-tu songer un instant à préférer un étranger à
ton meilleur ami? un homme sans mœurs et sans foi au
plus honnête et au plus généreux des hommes? Rentre
en toi-même, Cosima. Chasse ces vaines imaginations. La
peur est un piége de l'ennemi du salut. Écoute, ceci de-
manderait un plus long entretien. L'heure est avancée.
J'irai demain chez toi et nous causerons. J'espère te faire
mieux lire en toi-même et te relever à tes propres yeux.
Retourne chez toi, ma fille. Je n'aime pas à voir une jeune
femme fréquenter les églises le soir. Ces promenades noc-
turnes ne sont pas assez protégées par un jeune homme
comme Néri.

COSIMA.

Néri? n'est-il pas l'ami, presque le fils adoptif de mon
mari, le mien par conséquent? Il est dévoué, il est brave ;
personne n'oserait me dire un mot lorsqu'il m'accompa-
gne.

2

LE CHANOINE.

Je le crois bien! Mais je t'engage à ne sortir que le jour. Depuis quelque temps tu te livres à une dévotion extérieure qui, je te le dis avec la simplicité d'un ami, ne me semble pas propre à ramener le calme dans ton àme... Je crains que toute cette ferveur ne soit de l'agitation, et que sais-je?... un désir involontaire de provoquer des rencontres dangereuses.... Penses-y; sois plus sédentaire!

COSIMA.

Oh! vous me faites trembler!..

LE CHANOINE.

Calme-toi. Reste ici. Ne sors pas du confessionnal que Néri ne vienne t'y rejoindre. Je vais l'avertir en passant.

(Il s'éloigne et se dirige vers Néri. Aussitôt Ordonio s'élance vers la chapelle où il a caché son page.

ORDONIO.

St...

TOSINO, à voix basse.

Me voici, je suis aux aguets.

ORDONIO.

Cours au-devant de lui, ne lui parle pas que tu ne sois hors de l'église, et alors tire-toi de ses griffes comme tu pourras.

TOSINO.

Fiez-vous à moi. Je le rendrai fou. Autant vaudrait mettre cent lutins à ses trousses! Vous, vous sortez par l'autre porte avec la dame?

ORDONIO.

Va donc! Tout est prévu.

(Tosino se dirige vers Néri que le chanoine a averti en passant. Le chanoine est rentré dans la sacristie. Néri prend le page pour Cosima et lui offre son bras. Ils sortent ensemble tandis qu'Ordonio se rapproche du confessionnal.)

COSIMA, se levant à demi.

Est-ce toi , Néri ?

*(Ordonio s'incline affirmativement. Cosima se lève et prend son bras. Il veut la mener dans la direction opposée à celle qu'ont prise Néri et Tosino.)*

Tu te trompes, Néri ! Ce n'est pas là notre chemin.

ORDONIO, tâchant de déguiser sa voix.

L'autre porte est fermée.

COSIMA, s'arrêtant.

Qu'as-tu ? Ta voix est changée !... Tu sembles agité !... Tu ne me réponds pas ? (Effrayée.) Vous n'êtes pas Néri !

(Elle veut fuir.)

ORDONIO, la retenant de force.

Ne craignez rien, madame, c'est l'homme qui vous aime.

COSIMA.

Laissez-moi, monsieur !... Néri !... J'appellerai Néri.

ORDONIO.

Votre voix est étouffée par la peur ou par la colère ; n'essayez donc pas de crier. Néri est déjà loin, d'ailleurs.

COSIMA.

Oh ! mon oncle !... à mon secours !...

ORDONIO, tirant son épée.

Madame, je vous avertis qu'il en va coûter la vie au premier que vos cris appelleront ici, fût-ce votre mari, fût-ce le prêtre à qui vous venez de vous confesser.

COSIMA.

Vous étiez là ?...

ORDONIO.

Et j'ai entendu votre confession, madame. Voilà pour-

2.

quoi je suis résolu à tout braver, à tout immoler à mon amour et au vôtre.

COSIMA.

Au mien? Vous n'avez que mon mépris !

ORDONIO.

Votre oncle le chanoine n'emporte pas cette pensée, madame !

COSIMA.

Oh ! mon Dieu, mon Dieu ! permettras-tu que je sois ainsi outragée ?

(Elle veut encore s'échapper et se heurte contre des chaises. Ordonio la retient dans ses bras.)

ORDONIO.

Outragée ? Vous me jugerez mieux, madame, quand vous m'aurez entendu, et vous allez m'entendre pour la première, pour la dernière fois peut-être..... Pourquoi cette frayeur insensée, et ces larmes, et cette colère d'enfant ? Je sais maintenant que vous m'aimez : et vous, qui savez combien je vous aime, vous ne pouvez pas avoir peur de moi. Abjurons donc toute feinte. Je vais vous en donner l'exemple, et vous entendrez ma confession comme j'ai entendu la vôtre. Jusqu'ici, Cosima, je me suis trompé : j'ai pris votre résistance pour de la coquetterie, votre sagesse pour l'amour d'une vaine gloire ; mais tout à l'heure, ici, (Montrant le confessionnal.) vous vous êtes justifiée. Oh ! je sais à présent que votre âme est aussi belle que vos traits, et moi qui vous aimais comme on aime une femme, je suis à genoux devant vous comme devant un ange. Ne me craignez donc plus. Je serai calme, je serai patient. Je vous aimerai dans le silence, dans le mystère, dans la résignation. Je ne vous verrai plus qu'à votre insu. Je ne vous compromettrai

plus..... Je ne vous demande pas pardon de l'avoir fait.
Ce n'est point par des paroles que je prétends vous prouver mon repentir et ma passion. Mais je mériterai mon
pardon, et je l'obtiendrai peut-être!

COSIMA.

Et vous me parlez ainsi, me meurtrissant le bras et
l'épée à la main?

ORDONIO, mettant un genou en terre devant elle et lui présentant son épée.

Disposez de moi comme de votre esclave. Je vous
donne mon cœur et ma vie.

(Cosima profite de cet instant pour s'échapper. Elle fuit vers le fond de l'église. Au
même instant, Néri paraît en désordre. Cosima s'élance vers lui, et Ordonio,
toujours l'épée à la main, se retire dans l'ombre des colonnes.)

COSIMA.

Est-ce donc vous enfin, Néri? Est-ce ainsi que vous
restez près de moi?

NÉRI.

Mais vous-même... pourquoi venez-vous de me quitter?

COSIMA.

De quoi parlez-vous donc? Je suis seule ici à vous attendre, depuis une heure, depuis un siècle!.. Allons! c'est
une négligence inouïe!.. Rentrons!..

(Elle l'entraîne hors de l'église.)

# Scène IV.

ORDONIO, puis TOSINO.

ORDONIO.

Il paraît qu'on ne veut pas la mort du pécheur, mais

qu'il se convertisse et qu'il vive, puisqu'on ne trahit pas mon crime. Femme, femme! tu es à moi!

(Tosino rentre par la porte de droite.)

C'est beaucoup trop tôt! Tu as dû jouer pitoyablement ton rôle, puisque te voilà déjà revenu.

TOSINO.

Vous ne m'aviez pas dit que l'écuyer de votre belle en était éperdument amoureux. Je comptais sur un religieux silence de sa part, et je marchais d'un air recueilli, lui faisant signe de ne pas interrompre mes pieuses méditations; mais, à peine étions-nous sous le porche, qu'il s'est mis à me faire question sur question. « Oh! Cosima, que vous êtes triste aujourd'hui! Eh bien! madame, vous ne me parlez donc pas?.. Hélas!.. ô ciel!.... » Que sais-je? Quand j'ai vu qu'il fallait répondre ou courir, j'ai pris ce dernier parti comme le plus sûr. J'espérais qu'il allait me suivre, et je l'aurais mené jusque dans l'Arno; mais, soit qu'il ait la vue basse, soit qu'au contraire la lueur de la première lanterne m'ait fait paraître un peu trop grand pour une femme, il est revenu sur ses pas, et moi, le voyant rentrer dans l'église, je n'ai eu que le temps d'en faire le tour pour vous avertir.

ORDONIO.

Quoi? cet innocent est amoureux d'elle?.. Je suis bien aise de l'apprendre... Et, dis-moi, semblait-il habitué à être écouté?

TOSINO.

Il me semble parfaitement habitué à ennuyer... Et, maintenant, maître, que faisons-nous? Irai-je quitter ces habits?

ORDONIO.

Tu vas rentrer. Tu prendras des habits à moi, et tu t'essaieras à jouer mon rôle. Tu imiteras devant une glace mes gestes et ma démarche. Le pourras-tu?

TOSINO.

Oh! nous autres pages, nous sommes toujours habiles
à singer nos maîtres. D'ailleurs, je ne suis pas beaucoup
plus petit que vous, et je n'ai pas la main trop mal, ni le
pied non plus...

ORDONIO.

Écoute. J'ai reçu ce soir la nouvelle de la mort de
mon oncle; il faut que j'aille recueillir sa succession!..

TOSINO.

Ah! mon Dieu! et votre seigneurie conte cela avec un
sang-froid!.. Si ce n'était le respect dû au lieu où nous
sommes, je danserais... car nous voilà riches... mais riches!.. Et que deviendront nos amours pendant cette
absence?

ORDONIO.

J'y ai songé; je ne suis pas si fou que de laisser refroi-
dir l'impression que j'ai produite. Il ne faut pas que la
dame de mes pensées, femme romanesque s'il en fut, me
croie assez bourgeois pour aller compter des écus, au lieu
de faire l'amant espagnol sous son balcon. Écoute-moi
donc!.. Je pars cette nuit même pour Venise. Je te laisse
ici. Je serai peut-être absent quelques semaines, pendant
lesquelles tu auras soin de te promener autour de ma
belle, mais avec autant de timidité apparente que je l'ai
fait jusqu'ici avec audace. Il faudra qu'elle te voie et
qu'elle te prenne pour moi. Mais, dès que tu te verras
remarqué, il faudra fuir comme une ombre, en affectant
le respect et la crainte. Tu feras ainsi tous les soirs. Le
jour, tu te montreras sous ta véritable forme, et tu diras
à tous ceux qui te demanderont de mes nouvelles que
je me tiens enfermé, parce que je suis devenu fou par
amour, misanthrope, ce que tu voudras! Je suis en-

core peu connu ici. Pourtant, si quelqu'un s'obstinait à
me voir, dis que je suis furieux, et qu'il y a danger de
mort à forcer ma porte. Je t'écrirai souvent de Venise, et
je t'enverrai, pour Cosima, des lettres que tu lui feras
parvenir adroitement comme tu as déjà fait. — Et de tout
cela tu ne seras pas mesquinement récompensé. Tu m'entends? Va m'attendre. Dis à Laurent de préparer tout
pour mon départ. Je l'emmène. Dans une heure, je
te rejoins, et je te donnerai des instructions plus dé-
taillées.

TOSINO.

Vous serez content de votre page.

(Il sort par la droite.)

ORDONIO.

Et moi, je ne suis pas mécontent de ma soirée.

(Il s'éloigne par le fond de l'église.)

FIN DU PROLOGUE.

# ACTE PREMIER.

# ACTE PREMIER.

Dans la maison d'Alvise. — Un salon dans le goût de la renaissance, fort simple.

## Scène première.

### PASCALINA, COSIMA.

Cosima travaille à filer de la soie. — Pascalina est penchée à la fenêtre.

COSIMA.

Que faites-vous donc si longtemps à cette fenêtre, Pascalina?

PASCALINA.

Ah! signora, je regarde si ce mauvais sujet ne rôde pas autour de la maison. Je ne l'ai pas vu hier soir, et... c'est singulier!... je ne le vois pas encore. Pourtant, dès que le jour baisse, il est toujours là, sous les arcades, se cachant comme un voleur.

COSIMA.

Et que vous importe?

PASCALINA.

C'est qu'aussi cela fait damner de voir un pareil vaurien tourner et retourner devant notre maison, comme si votre seigneurie n'était pas une honnête femme et comme si messire Alvise n'était pas homme à lui donner un bon coup d'épée à travers le corps.

COSIMA.

Que dites-vous donc, Pascalina? Ne prononcez jamais de telles paroles devant toute autre personne que moi, entendez-vous bien?

PASCALINA.

Bah! est-ce que notre maître ne serait pas bon pour tuer ce grand coquin-là? Oh! il n'y a pas de danger! Les hommes les plus hardis auprès des femmes, sont les plus timides en face des maris, *et vice versus*, comme dit monsieur le chanoine; les hommes les plus doux à la maison sont les plus terribles avec leurs ennemis.

COSIMA.

Ce serait faire trop d'estime de ce désœuvré que de le traiter en ennemi.

PASCALINA.

C'est aussi ce que dit messire Alvise.

COSIMA.

Comment? Est-ce que mon mari a parlé de lui devant toi?

PASCALINA.

Pas plus tard qu'hier, messire Malavolti qui va toujours grondant, et l'autre voisin qui plaisante toujours, messire Farganaccio, lui faisaient reproche de ce qu'étant des premiers négociants et par conséquent des bons magistrats de notre ville, il n'avait pas fait arrêter vingt fois ce mauvais garnement.

COSIMA.

Et... que répondait mon mari?

PASCALINA.

Ah! il priait ces messieurs de se mêler de leurs affaires et non des siennes.

CER<br>
COSIMA.

Alvise avait raison. — D'ailleurs, cet homme ne s'occupe plus de moi.

PASCALINA.

Il s'occupe de vous plus que jamais, signora! Seulement il s'y prend d'une autre façon, pour voir si, en faisant le désolé, il réussira mieux. Moi qui fais sentinelle à ma croisée, je le vois souvent, au clair de la lune, sous votre jalousie, soupirer et gesticuler comme un homme en démence, et le fait est que dans son quartier il passe pour être devenu fou.

COSIMA, émue.

Quelle plaisanterie!

PASCALINA.

Si c'en est une, il joue bien sa partie. On ne le voit plus sortir que de nuit. Il ne parle plus à personne, même à son hôtesse; et son page, qui seul a accès auprès de lui, dit qu'il ne boit ni ne mange, que le chagrin le consume, et qu'il est devenu si maigre que si on le voyait au grand jour on ne le reconnaîtrait pas.

COSIMA.

A-t-on rapporté ces sottises à mon mari?

PASCALINA.

Oui! mais il n'a fait qu'en rire.

COSIMA.

Je le crois bien !

PASCALINA.

Et pourtant il a ajouté : « Qu'il fasse Roland l'amoureux tant qu'il lui plaira; mais qu'il n'essaie pas de faire le Médor, car il verra qu'un bourgeois de Florence est tout aussi mauvaise tête qu'un noble de Venise. »

COSIMA, effrayée.

Mon mari a dit cela?

PASCALINA.

Et comme il le dit, il le ferait! Ainsi, dormez tranquille, signora. Dans l'occasion, notre maître prouvera bien qu'il sait garder son honneur et sa femme.

(Elle sort.)

# Scène II.

COSIMA, *seule.*

Son honneur! qu'il le défende, s'il est vrai qu'il soit attaché à mon humiliation! Mais sa femme!... Elle saura bien se défendre elle-même, s'il est vrai que l'amour d'un homme la mette en péril! Tous ces donneurs de conseils! ils ne s'aperçoivent donc pas de l'injure qu'ils me font en recommandant chaque jour à mon mari de faire le guet autour de moi? Jusqu'à cette servante qui croit m'honorer en me disant qu'il me gardera comme un sbire, l'épée au poing et la défiance au cœur!... L'air que je respire est chargé d'idées grossières et de paroles blessantes!...

( Elle s'approche de la fenêtre.)

Il n'est pas venu hier soir... et aujourd'hui... l'heure est passée, car Alvise va rentrer... Cet homme m'aurait-il délivrée pour toujours de sa présence?

(Elle tombe dans la rêverie.)

# Scène III.

### NÉRI, COSIMA.

NÉRI, à part.

Toujours à cette fenêtre! (Haut.) Ne craignez-vous pas de vous rendre malade? L'air est froid ce soir, madame.

COSIMA tressaille et quitte brusquement la fenêtre en apercevant Néri.

Vous êtes trop facile à inquiéter, Néri; je n'ai point froid.

NÉRI.

Vos traits sont altérés pourtant!

COSIMA, avec impatience.

Qu'importe?

NÉRI.

Je vous assure que vous êtes changée depuis quelque temps.

COSIMA.

Eh bien! il est peu galant de me le dire.

NÉRI.

Il est vrai que je ne suis pas un courtisan, moi!

COSIMA.

Eh bien! vous, quoi?

NÉRI.

Vous m'en voulez, Cosima, depuis le soir où j'ai été si étrangement trompé par une femme que j'ai prise pour vous et à qui j'ai donné le bras pour sortir de l'église...

COSIMA.

Vraiment, je vous conseille de rappeler ce trait! Il fait honneur à votre sagacité!

NÉRI.

Comme votre manière de me répondre fait honneur à notre amitié !

COSIMA.

Allons, Néri, vous savez bien que je ne vous en veux pas de vous être si plaisamment trompé. Mais je ne saurais oublier l'humeur que vous m'avez témoignée à cette occasion, comme si j'étais coupable de votre maladresse, et comme si ce n'était pas à moi de vous reprocher une si singulière distraction.

NÉRI.

Tantôt vous me reprochez trop de négligence, et tantôt trop d'empressement.

COSIMA.

C'est que tantôt vous me suivez comme un écuyer, et tantôt vous vous placez devant moi comme un matamore.

NÉRI.

Et, de toute façon, je suis ridicule et déplaisant! Hélas! qu'ai-je donc fait? Vous m'aimiez autrefois comme un frère, et maintenant vous me méprisez comme un gardien... comme un geôlier!...

COSIMA.

Mais aussi, pourquoi te charges-tu d'un pareil emploi, mon pauvre Néri?

NÉRI, avec douleur.

Ainsi, je suis votre gardien!... je suis votre geôlier, moi!... Mon Dieu! (Cosima lui prend la main.) Mais que me dites-vous donc, Cosima? (Avec des larmes.) Qu'avez-vous donc contre moi?

COSIMA.

Je n'ai rien contre toi, mon bon Néri, rien, je t'assure...

Je suis un peu irritée... Tu l'as deviné, je suis un peu
malade, mon ami.

NÉRI.

Oh oui! je le vois bien; sans cela vous ne vous trom-
periez pas ainsi... Moi qui donnerais ma vie pour vous
épargner un moment d'ennui!...

COSIMA, se laissant tomber sur une chaise.

D'ennui?... Eh bien! tu l'as dit! C'est l'ennui qui me
dévore, et, je le sais maintenant, c'est le pire de tous les
maux! Je ne vis pas ici! J'étouffe...

(Elle cache son visage dans ses mains.)

NÉRI, se rapprochant et lui prenant les mains avec tendresse, mais avec respect.

Chère Cosima! d'où vient ce mal subit? Depuis deux ans
que vous êtes mariée, j'ai toujours vécu près de vous, et je
ne vous avais jamais vue souffrir ainsi. Que peut-il donc
manquer à votre bonheur? vous, la femme d'Alvise! vous
qui êtes adorée!

COSIMA.

Pourquoi me rappeler l'amour de mon mari? Est-ce que
je me plains d'Alvise? Est-ce que je l'accuse?

NÉRI.

Peut-il exister d'autres chagrins pour vous que ceux du
cœur? En est-il d'autres à notre âge, Cosima?

COSIMA.

Je te parle de mon ennui, mon pauvre Néri! Si l'on
connaissait la cause de ce mal, on en guérirait, car on y
trouverait un contre-poison.

NÉRI.

L'ennui! je ne sais ce que c'est, moi!... Le temps me
semble toujours insuffisant au travail.

3

COSIMA.

Oh! c'est que tu travailles, toi! Vous ne connaissez pas les angoisses de l'oisiveté, vous autres hommes! Vous avez de l'ambition, vous avez des devoirs! Mais nous, de quoi pouvons-nous remplir le vide de nos journées? Les travaux du ménage, dit-on? Mais c'est bien peu de chose, lorsque nous mettons un peu d'ordre dans notre activité. Savez-vous que, sans manquer à aucun de mes devoirs, j'ai de reste, par jour, trois ou quatre heures dont je ne sais que faire? Savez-vous que ce travail est insipide, (Elle montre son rouet chargé de soie.) et qu'à chaque minute il me prend envie de briser ce rouet? Ah! cette soie que je file ne me sert qu'à mesurer les heures de mon lent supplice! Tiens! chacun de ces écheveaux te représente une semaine de mon agonie!...

(Elle repousse brusquement le dévidoir qui tombe aux pieds de Néri. Au milieu des pelotons qui roulent, il se trouve une lettre qu'il ramasse.)

Que faites-vous là? Pourquoi prenez-vous ce papier?

NÉRI.

Il était dans votre sebile : c'est une lettre à votre adresse, Cosima... Vous ne l'aviez donc pas ouverte?

COSIMA.

Je ne sais pas seulement ce que cela peut être. Donnez.

NÉRI, regardant toujours la lettre.

Vous voulez la lire!

COSIMA.

En quoi cela vous intéresse-t-il?

NÉRI.

Mais vous-même, cette lettre d'une main inconnue ne peut pas vous intéresser beaucoup? Peut-être vaudrait-il mieux la brûler sans la lire?

(Il l'approche d'un flambeau.)

COSIMA, la lui arrachant et s'efforçant de sourire.

Pourquoi donc? Cela peut me divertir dans un moment d'oisiveté. Il ne faut pas mépriser le moindre sujet de distraction, quand on s'ennuie.

(Elle met la lettre dans sa poche.)

NÉRI, après un moment de silence.

Vous vous ennuyez donc bien?

COSIMA.

A la mort!

NÉRI, avec tristesse.

Que ne puis-je vous créer une existence enchantée! Mais toute vie est triste, Cosima, toute âme est blessée!.. Cependant, ordonnez-moi tout ce qu'il vous plaira. Vous le savez! pour contenter la moindre de vos fantaisies, je mettrais mon cœur sous vos pieds... Je puis me sacrifier moi-même...

COSIMA.

Vous sacrifier! pourquoi donc?

NÉRI.

Me sacrifier, oui! Mais il est quelqu'un que je ne sacrifierais jamais, même à vous, Cosima!

COSIMA.

Vraiment! Peut-on vous demander son nom?

NÉRI.

C'est mon bienfaiteur, c'est l'homme qui m'a élevé, instruit, adopté en quelque sorte, c'est celui que j'aime comme un père, c'est Alvise, c'est votre époux, madame. Son bonheur ne m'est pas plus cher que le vôtre, mais son honneur...

COSIMA, avec amertume.

Toujours, à propos de moi, l'honneur de mon mari!.. En vérité, j'admire le soin que chacun prend ici de ce trésor apparemment si fragile. Mais je crains qu'il n'en soit comme de toutes les choses précieuses qu'on ternit en y portant une main indiscrète et maladroite.

NÉRI, à part, avec abattement.

Elle me hait!

# Scène IV.

LES PRÉCÉDENTS, ALVISE, FARGANACCIO, MALAVOLTI, PASCALINA.

(Cosima s'avance vers son mari qui l'embrasse au front.)

ALVISE.

Dieu soit avec toi, mon bel ange! Voici nos amis Malavolti et Farganaccio que j'amène souper. Je ne t'en ai pas avertie, sachant qu'ils seront toujours pour toi, comme pour moi, les bien-venus.

(Cosima les salue gracieusement, Farganaccio lui baise la main.)

PASCALINA, à Alvise.

Mais moi, vous eussiez bien dû m'avertir; vous allez faire un mauvais souper.

FARGANACCIO, qui l'a entendue.

Ah! nous sommes venus à condition qu'on n'y changerait rien! (A Alvise.) Si vous ne vous mettez à table tout de suite, nous croirons que vous manquez de parole.

ALVISE.

Eh! sans doute. Point de façons entre vieux amis. — Mais, dis-moi, Cosima, il fait bon ici. Est-ce que nous ne pourrions pas y souper?

COSIMA.

Rien de plus simple. Pascalina, faites apporter la table.

PASCALINA.

Ce sera bien facile, elle est toute servie.

COSIMA, voulant sortir avec elle.

Je t'aiderai.

FARGANACCIO, arrêtant Cosima.

Ah! je ne souffrirai pas que vos belles mains travaillent
pour nous!

ALVISE.

Bien dit, mon vieux. Sois galant.

MALAVOLTI, avec une ironie de mauvaise humeur.

C'est de son âge!

FARGANACCIO.

Galant jusqu'à la mort! Allons, Pascalina, à nous deux!
(Il prend un flambeau.) Riez, riez! cela nous fait voir vos dents
blanches.

PASCALINA.

Oui dà! n'en montre pas autant qui veut!

(Pascalina et Farganaccio sortent. Néri les suit.)

MALAVOLTI, s'asseyant devant la cheminée.

C'est une bonne idée que vous avez là. Cette pièce
est tout à fait agréable. (Il attise le feu.) Ah! on ne sait pas
se chauffer en Italie! C'est pourtant un pays aussi froid
qu'un autre en hiver... surtout depuis une vingtaine
d'années... C'est peut-être aussi qu'on devient frileux avec
l'âge!.. Du temps que je faisais le commerce avec les Provinces-Unies.....

COSIMA, à part.

Ah! ciel! il va commencer ses histoires sur la Hollande!

MALAVOLTI.

Je me souviens d'avoir vu à Bruges...

(Il se tourne à demi et voit qu'on ne l'écoute pas.)
Heim?

ALVISE, qui s'est approché de sa femme et la regarde avec tendresse.

Dites toujours, voisin Malavolti, on vous écoute. (A Cosima.)
Je te trouve un peu pâle ?

COSIMA.

Je suis pourtant très bien... Je vous jure.

MALAVOLTI.

Il s'appelait Van, Van!...

ALVISE.

Ils s'appellent tous comme cela. (Regardant le rouet et les pelotons en désordre.) Quel est le maître chat qui s'est mêlé de ton ouvrage, ma pauvre enfant? Cela me rappelle qu'un juif est venu ce matin à mon atelier m'offrir un petit meuble comme celui-ci, mais tout incrusté d'argent et d'un travail exquis. Je lui ai dit de te l'apporter ; l'a-t-il fait?...

COSIMA.

Oh oui!... oui, mon ami, et moi qui ne songeais pas à vous en remercier?
(Pascalina et Gonelle apportent la table toute servie. Farganaccio apporte les flambeaux.)

FARGANACCIO.

Allons! prenez place. (Voyant qu'Alvise offre la main à sa femme.) Fi donc ! un mari conduire sa femme? Nous ne pouvons pas souffrir cela, nous autres.
(Il lui prend la main).

MALAVOLTI.

Nous autres jeunes gens !...

ALVISE, offre une assiette à Cosima qui refuse.

Tu n'as donc pas d'appétit ? Ah çà ! tu es souffrante ? Néri, toi qui as toutes ses confidences, a-t-elle été malade aujourd'hui ?

NÉRI.

Madame n'est pas bien.

COSIMA.

Qu'en savez-vous? Je ne vous ai rien dit de semblable?

MALAVOLTI.

Toutes les femmes sont comme cela. Elles aiment tant
les cachotteries, qu'elles en font, même à propos d'une mi-
graine. Je me souviens de la femme d'un bourgmestre...

FARGANACCIO.

Qu'y a-t-il de nouveau aujourd'hui dans la ville?

ALVISE.

Rien. Ah! si fait! Un homme a été trouvé assassiné.
Son cadavre flottait sur l'Arno. Les bateliers l'ont re-
pêché ce matin, et, comme de coutume, on a verbalisé.

MALAVOLTI.

Ce qui, comme de coutume, n'amènera aucune décou-
verte.

COSIMA.

Sait-on qui ce peut être?

ALVISE.

On le découvrira difficilement, car les assassins ont pris
soin de le défigurer pour mettre la justice en défaut.

MALAVOLTI.

Défiguré n'est pas le mot précisément pour celui-là,
car on lui a coupé la tête.

COSIMA.

Mais c'est affreux!

FARGANACCIO.

Un bon verre d'Alléatico après le macaroni met le
cœur en joie... Allons! Malavolti, cela réveillera tout à
fait vos souvenirs de Flandre.

(Tandis qu'il remplit les verres, on entend frapper trois coups à la porte. Un
instant de silence.)

MALAVOLTI.

Dieu me damne si ce n'est pas ainsi que s'annoncent les estafiers du conseil de justice !

ALVISE, tranquillement.

C'est quelque écolier qui s'amuse à frapper aux portes. Je n'ai jamais eu affaire, Dieu merci, au grand conseil !

FARGANACCIO.

Allons ! à la santé de la signora.

(Ils trinquent.)

COSIMA.

Messire Malavolti, je bois à la prospérité des Provinces-Unies !

GONELLE, qui est sorti un instant, rentre d'un air effaré.

Seigneur Alvise !... des hommes de la police demandent à vous présenter un mandat du conseil...

ALVISE, se levant.

A moi ?...

FARGANACCIO.

Voilà qui est fort étrange !

# Scène V.

LE BARIGEL, *suivi de plusieurs estafiers;* LES PRÉCÉDENTS.

LE BARIGEL.

Messire Alvise Pétruccio, c'est avec douleur que j'exécute ce mandat.

(Il lui présente le mandat. Tous se lèvent.)

ALVISE.

Un mandat d'amener contre moi ? Il y a erreur, messire.

(Cosima se rapproche de son mari avec effroi.)

LE BARIGEL.

Je voudrais le croire ; mais les ordres sont précis.

FARGANACCIO.

C'est une erreur, c'est une erreur !

(Il se rassied.)

LE BARIGEL, à Alvise.

Je suis forcé de vous emmener.

COSIMA.

De l'emmener ! Où donc voulez-vous emmener mon mari ?

LE BARIGEL.

Rassurez-vous, madame. Il ne s'agit peut-être que de quelques explications à donner au conseil. Après quoi, je suppose qu'on renverra votre mari libre et justifié.

ALVISE.

De quoi suis-je donc accusé ?

LE BARIGEL.

Je l'ignore ; mais j'ai voulu être présent à l'exécution du mandat, afin d'en adoucir la rigueur par ce témoignage d'estime.

ALVISE.

Je vous en remercie, monsieur le Barigel. J'obéis. Les magistrats de mon pays ne peuvent ordonner rien que de juste, j'aime à le croire... Pourtant je ne vois rien dans ma conduite passée ou présente qui ait pu motiver... (Examinant le mandat.) Ce n'est point là l'appel du tribunal à un citoyen pour cause de renseignement... c'est l'ordre d'arrestation d'un accusé... (A Cosima qui s'attache à son bras.) Ma chère femme, tranquillise-toi, l'innocence est une sauve-garde dont il serait impie de douter. — Je reviendrai bientôt, sois-en sûr! Dans tous les cas, je te laisse un protecteur et un ami.

(Il montre Néri qui lui presse les mains avec effusion.)

COSIMA.

Monsieur le Barigel, laissez-moi suivre mon mari...

LE BARIGEL.

Madame, il m'est impossible de le permettre.

ALVISE.

Allons! soumettons-nous! (Il l'embrasse.) Pascalina, mon manteau!

NÉRI.

Mais moi, ne puis-je vous accompagner du moins jusqu'au palais?

ALVISE.

Reste auprès de ma femme, tranquillise-la. Tu ne pourrais m'être d'aucun secours. Ma bonne conscience et ma bonne renommée me viendront en aide.

MALAVOLTI.

Moi, je vous suis jusqu'au palais; peut-être apprendrai-je de quoi il s'agit.

ALVISE.

A la bonne heure. (Bas à Malavolti.) Mais s'il s'agit de quelque fàcheuse affaire, pas un mot à ma femme, entendez-vous?

FARGANACCIO.

Je vous accompagnerai aussi... Mon Dieu, mon Dieu! comme les malheurs arrivent au moment où l'on y pense le moins!

PASCALINA.

Et monsieur qui n'a pas seulement soupé ! (Aux estafiers.)
Messieurs, laissez-lui le temps de souper !

ALVISE, au Barigel.

Votre seigneurie n'a pas de temps à perdre. Allons,
courage, ma femme !... A revoir, Néri !

(Ils sortent tous, excepté Cosima qui retombe accablée sur une chaise, et Néri qui
n'ose lui parler. Un instant de silence.)

NÉRI.

Au nom du ciel, Cosima, ne vous laissez pas abattre
ainsi ! Que peut-il arriver de pire à notre cher Alvise que
de passer une nuit en prison ?

COSIMA.

Ne me dites donc pas cela, Néri ; est-ce que vous ne
connaissez pas la justice et les juges dans ce pays-ci ? Est-ce
que vous croyez qu'ils làcheront aisément leur proie ?
Mais cela ne s'est jamais vu !

NÉRI.

Et ne pas savoir ce dont on l'accuse ! Ne pouvoir rien
faire pour le secourir ! Quel est donc l'infàme qui a pu
calomnier un homme tel que lui !

# Scène VI.

## LE CHANOINE, COSIMA, NÉRI.

COSIMA.

O mon oncle ! savez-vous ce qui est arrivé ?

LE CHANOINE.

Hélas ! oui, je viens de rencontrer Alvise qu'on emmène

en prison. J'ai compris que j'arrivais trop tard. Pourtant je n'ai pas perdu un instant!

NÉRI.

Eussiez-vous donc pu nous préserver de ce malheur?

LE CHANOINE.

Si la vigilance du conseil ne m'eût devancé, j'eusse déterminé Alvise à quitter Florence jusqu'à ce que les soupçons qui pèsent sur lui se fussent dissipés...

COSIMA.

Vous savez donc ce dont on l'accuse?

LE CHANOINE.

Oui, et quelque terreur qu'une semblable nouvelle puisse vous causer, mes amis, je veux vous la dire. Ce n'est point par la voix publique que vous devez l'apprendre. Cependant...

(Il regarde la porte qui est restée ouverte, Néri devine sa pensée et court la fermer.)

COSIMA.

Je tremble!...

LE CHANOINE.

Un cadavre a été trouvé ce matin dans l'Arno...

COSIMA.

Ah oui!... Nous le savons... Alvise nous en parlait un instant avant son arrestation.

LE CHANOINE.

En vérité? Il vous en a parlé sans trouble?

COSIMA.

Eh mais, sans doute! Pourquoi donc cette question?

LE CHANOINE.

Vous devinez, Néri; on accuse Alvise d'être le meurtrier !...

COSIMA.

Alvise !... Alvise accusé d'un meurtre ?...

LE CHANOINE, lui prenant la main.

Ma fille, l'homme assassiné est le Vénitien Ordonio
Éliséi !

(Cosima tressaille, étouffe un cri, et s'appuie contre la table pour ne pas tomber.
Néri et le chanoine l'observent tous deux attentivement, quoique avec une ex-
pression différente.)

NÉRI, après un instant de silence.

S'il en est ainsi, cet homme n'a point été assassiné.
Alvise l'a bravement appelé au combat... Il aura suc-
combé dans une lutte loyale... n'en doutez pas!

LE CHANOINE.

Je n'en doute pas non plus. Mais le cas n'en est pas
moins grave, car les lois poursuivent le duel avec autant
de sévérité que l'assassinat.

COSIMA, d'un air sombre et faisant un effort pour parler.

Et les lois ont raison peut-être!... mais parce que cet
homme a été tué, il n'en résulte pas que mon mari soit
coupable.

LE CHANOINE.

Il est vrai, ma fille... mais une lettre de menaces trouvée
sur le cadavre, et où vous êtes désignée assez clairement
pour qu'on ne puisse se méprendre......

NÉRI, précipitamment.

Une lettre de menaces! Ce n'est point Alvise qui l'a
écrite... c'est moi!...

COSIMA.

C'est vous!... Et de quelle part?...

NÉRI.

Ce n'est point de la part d'Alvise, j'en ferai le serment devant les juges.

COSIMA, d'un ton accablant.

Mais de quel droit?

NÉRI.

Cet homme vous compromettait!

COSIMA.

C'est faux! Il avait cessé ses poursuites.

NÉRI.

Il les avait redoublées. Le mystère qu'il affectait les rendait plus perfides encore, et votre réputation en souffrait davantage. Votre mari ne songeait pas à les réprimer... je ne pouvais l'y faire songer sans lui inspirer des soupçons...

COSIMA, avec hauteur.

Vous n'eussiez pas réussi, monsieur.

NÉRI.

Accablez-moi de votre haine... mais qu'Alvise soit disculpé.

LE CHANOINE.

Mais ce n'est pas vous qui avez provoqué Ordonio? Vous ne vous êtes point battu avec lui?

NÉRI.

Que ne l'ai-je fait!

(Il tombe dans la rêverie.)

LE CHANOINE.

En votre âme et conscience, Néri, croyez-vous qu'Alvise

ait pu se porter à une telle extrémité? Un duel suppose un
témoin, un confident, au moins!... Cosima, vous me devez la vérité tout entière... Au nom du ciel, je vous ad-
jure de me dire si vous n'avez pas commis quelque imprudence qui ait pu éveiller la jalousie d'Alvise.

COSIMA.

Devant Dieu, non!

LE CHANOINE.

Et vous, Néri, vous ne savez donc rien?

NÉRI.

Non, sur l'honneur! mais, ô mon Dieu! quel crime est
le mien, si par cette lettre imprudente j'ai pu attirer sur
la tête de mon bienfaiteur une si horrible accusation!...
Dites-moi, oh! dites-moi qu'il est impossible qu'on y donne
suite!...

LE CHANOINE.

Mes enfants, mon rôle n'est point de vous adoucir par
de vains ménagements l'horreur de cette situation. Il faut
s'armer de courage. Vous connaissez la rigueur de nos lois
et les farouches habitudes de nos tribunaux...

COSIMA.

Le duc est généreux, dit-on, il aime la justice : j'irai me
jeter à ses pieds!...

LE CHANOINE.

Il ne le faut pas; le duc est un jeune homme, ma fille!...
d'ailleurs, ici, sa puissance échouerait contre celle du conseil suprême. Alvise est un homme de bien, qui, magistrat
lui-même, s'est élevé souvent avec force contre les abus et
le despotisme. Il a des ennemis dans le corps dont il fait
partie. Les conseillers eux-mêmes craignent sa franchise et
son courage. S'ils manquent de preuves pour le con-

damner, ils ont le pouvoir de le faire souffrir, et ils en useront... Les fers, une longue captivité, la question peut-être...

COSIMA.

Comment! la question?... la torture?... O mon Dieu, mon Dieu! Alvise n'est pas coupable!...

NÉRI, avec angoisse.

Les fers! la torture! Oh oui! combien d'accusés sont sortis des cachots pour expirer au seuil de leurs maisons!... N'est-il donc aucun moyen de le sauver?...

(Il se promène avec agitation.)

COSIMA, avec amertume.

Honneur conjugal, farouche préjugé! tu engendres la férocité de l'époux, la honte de la femme, la ruine de la famille!.. Quel est donc ce monde pervers et insensé , où l'opinion prescrit ce que les lois punissent!..

NÉRI, agité, tremblant, se place entre Cosima et le chanoine.

Écoutez!.. Faites grâce au meurtrier... Alvise est innocent... je suis seul coupable!

LE CHANOINE.

Vous?..

NÉRI, presqu'en délire.

C'est moi!.. moi qui ai tué Ordonio Éliséi!

COSIMA, avec égarement.

C'est toi!.. misérable!.. Eh bien! que son sang retombe sur ta tête!

(Elle tombe évanouie dans les bras du chanoine.)

NÉRI, au chanoine.

Son mari me l'avait confiée... Je vous remets ce dépôt sacré.

LE CHANOINE.

Où courez-vous, malheureux?

NÉRI.

Me livrer à la justice!

(Il sort avec impétuosité.)

FIN DU PREMIER ACTE.

# ACTE SECOND.

# ACTE SECOND.

Même décoration qu'à l'acte précédent.

## Scène première.

COSIMA, *seule, dévidant de la soie.*

Il fut un temps où je me croyais malheureuse, parce
que ma vie se consumait dans une paisible oisiveté ; où je
trouvais l'isolement au milieu de la famille, la terreur à
l'abri des tendres sollicitudes, l'impatience de l'avenir au
sein d'un présent calme et pur. Les temps sont bien chan-
gés ! A l'ennui a succédé la douleur, à la famille la soli-
tude, à la sécurité l'épouvante ! Oh ! que de malheurs en
peu de jours ! Mon mari prisonnier, Néri criminel, tous
deux à la veille de subir peut-être une horrible sentence !
Tous nos amis consternés, craignant d'être réputés complices du crime qui pèse sur nous, ou m'accusant dans
leur cœur d'en être la cause honteuse !... Moi-même troublée, effrayée jusque dans le sanctuaire de ma conscience,
et n'osant plus chercher ma force dans les pratiques d'une
religion qui condamne mes pensées avant même qu'elles
soient écloses !... Est-il donc si difficile de lire dans son
propre cœur ? — Ah ! si rien n'eût été changé dans cette
vie que je maudissais, il me semble que je n'aurais jamais

connu le remords... Mais à présent qu'ils l'ont tué, cet homme, puis-je donc chérir ses meurtriers? Et où sera mon refuge, si un regret criminel vient se mêler à l'horreur de mes pensées? (Elle tire une lettre de son sein.) La seule faute que j'aie commise, c'est depuis qu'il n'est plus!

(Un homme enveloppé d'un manteau paraît à la portière de tapisserie qu'il soulève sans bruit; il s'approche avec précaution jusque derrière le fauteuil de Cosima.)

Jamais je n'aurais ouvert cette lettre sans le crime de l'insensé Néri! J'avais remis toutes les autres à mon confesseur sans les lire; mais maintenant que je n'en recevrai plus, je ne puis me résoudre à détruire le dernier gage d'une affection si courte et si funeste! (Elle ouvre la lettre et la regarde.) Ils me disaient tous que c'était un méchant, un impie! Il n'y a rien de semblable dans ses expressions. Qu'elles sont nobles, touchantes et respectueuses, au contraire!... et quelle ardeur dans cette passion voilée!... Ah! si cet amour est criminel, pourquoi Alvise n'a-t-il jamais su m'exprimer le sien avec la même éloquence, et d'où vient que le langage de la flatterie est plus persuasif que celui de la vérité? — Mon Dieu, pardonnez-moi! ce sont là d'imprudentes pensées, mais vous avez puni avant de juger!... Tu l'as payé bien cher, ô malheureux jeune homme, ce rêve d'une félicité coupable, et tu en as porté la peine sans qu'un mot, sans qu'un regard de moi te l'ait adoucie!... Vous l'avez voulu, mon Dieu! j'ai été sans pitié comme vous; maintenant si vous voulez que je sois sans regret, donnez-moi donc la force d'un ange!

(Elle cache son visage dans ses mains en sanglottant. Ordonio Éliséi se met à genoux devant elle; elle le voit, se lève, et retombe à demi suffoquée par la joie.)

Oh!... mon Dieu!...

ORDONIO.

Tes larmes auraient le pouvoir de tirer les morts du
tombeau... mais je vis, Cosima!

COSIMA, s'approchant de lui et touchant ses mains.

Toi!...

ORDONIO, couvrant sa main de baisers.

Je vis pour t'aimer et pour te rendre, tous les jours de
ma vie, le bonheur que tu me donnes en cet instant.

COSIMA, s'arrachant de ses bras et reprenant peu à peu sa réserve.

Vous vivant! mon Dieu!... soyez béni!... Est-ce un rêve?
mon mari est innocent!...

ORDONIO.

Ah! vous ne songez qu'à lui!

COSIMA.

Ah! je devrais y songer, mais je ne sais plus si j'existe ou
si je rêve; c'est vous, c'est bien vous, Ordonio!

ORDONIO.

Oh! je puis mourir à présent!..

COSIMA.

Mourir!.. Peut-être, mon Dieu! il vous est arrivé quelque malheur! Vous avez été frappé par des meurtriers,
percé de coups, peut-être!.. Dites! que vous est-il donc
arrivé? Pourquoi vous a-t-on cru mort? Oh! dites!

ORDONIO.

Un autre a péri à ma place; mais que vous importe?

C'est un chagrin pour moi seul, et un chagrin dont maintenant je suis tenté de remercier le ciel!

COSIMA.

Alvise est sauvé, n'est-ce pas?

ORDONIO.

Il le sera bientôt; j'y travaille... Je me suis échappé un
instant pour venir vous le dire.

COSIMA.

Vous ne le deviez pas! Vous deviez ne vous occuper que
d'Alvise. Votre place n'est pas ici, monsieur, et moi je
suis coupable de ne pas vous repousser!

ORDONIO.

Ah! je serai repoussé assez tôt par la présence de celui
que vous désirez si ardemment!

COSIMA.

Ah! taisez-vous, monsieur, c'est par de telles folies que
vous avez attiré le malheur sur moi!.. Je ne sais qui vous
êtes; mais, depuis que je vous ai vu pour la première fois,
l'infortune s'est étendue sur ma famille, et l'effroi est entré
dans mon âme!.. Ah! sauvez Alvise! Éloignez-vous d'ici,
laissez-moi, ne me regardez pas ainsi!... Il me semble que
je suis coupable devant Dieu des tourments qu'Alvise a
soufferts, et de ceux qu'il souffre encore!

ORDONIO.

Ses tourments sont finis: son honneur est justifié.

COSIMA.

Mais il est toujours prisonnier. Pourquoi n'est-il pas
encore ici, quand vous y êtes déjà, vous?

ORDONIO.

Vous me le demandez? Il sera ici dans un instant, et pour ne jamais vous quitter; et moi, je ne vous reverrai plus peut-être!.. et vous me reprochez d'être venu à la dérobée contempler une seule fois vos traits, effleurer vos mains de mes lèvres, comme si c'était trop de bonheur, après avoir tant souffert!

COSIMA.

Tant souffert! vous avez donc souffert aussi, vous?

ORDONIO.

J'étais loin de vous, je ne savais plus rien de vous; je n'existais plus, et maintenant, s'il faut que je vous perde encore, j'aime mieux mourir!

COSIMA.

Ordonio! ne vous découragez pas ainsi; vivez! vivez pour... pour sauver mon mari.

ORDONIO.

Je le sauverai, madame; mais alors me traiterez-vous du moins comme un ami?

COSIMA.

Comme un frère, si vous avez pitié de nos souffrances passées et si vous respectez désormais le repos de ma famille, l'honneur de ma maison...

ORDONIO.

Des craintes! des reproches! quand moi je me sacrifie, quand je travaille au salut d'Alvise avec autant d'ardeur que s'il s'agissait de mon bonheur et non de mon désespoir!

COSIMA.

Eh bien! non! pas de reproches; car vous êtes loyal,
vous êtes noble, j'en suis sûre; allez donc, et que Dieu...

ORDONIO.

Achevez, Cosima!

COSIMA.

Dieu m'a entendue. Allez, Ordonio.

(Ordonio lui baise la main.)

ORDONIO, seul.

Elle a peur! La peur est la vertu des femmes de cette
classe. Et Dieu sait pourtant si leurs maris sont clair-
voyants! Ce pauvre Alvise a cru à ma justification avec
une ingénuité! et moi, j'ai menti avec une assurance!
Allons! l'amour justifie tout!

(Il sort.)

# Scène II.

COSIMA traverse le théâtre et va regarder par la fenêtre en se cachant avec le
rideau.

Non, ce n'est pas un fantôme! c'est lui, c'est bien lui!...
Mon Dieu, pardonnez-moi d'avoir blasphémé!

# Scène III.

COSIMA, LE CHANOINE.

LE CHANOINE.

Je t'apporte d'heureuses nouvelles, mon enfant.

COSIMA.

Ah ! oui, mon oncle.

LE CHANOINE.

Tu les sais déjà ?

COSIMA.

Non!... mais... un pressentiment... cet air de joie que je vois sur votre visage...

LE CHANOINE.

Alvise est sauvé.

COSIMA, avec effusion.

Que Dieu en soit mille fois béni !

LE CHANOINE.

Et c'est celui qu'on croyait mort... qui lui-même est sorti du tombeau, comme Lazare, pour proclamer la vé- rité.

COSIMA.

La vérité? Mais qui donc a été tué ?

LE CHANOINE.

Un pauvre page d'Ordonio qui avait la singulière manie de jouer le rôle de son maître en son absence.

COSIMA.

En son absence ? Le seigneur Ordonio n'était donc pas ici à l'époque où le bruit de sa mort....

LE CHANOINE.

Il était à Venise, et jamais il n'avait songé à te faire l'injure de ses poursuites, c'est son page qui était devenu fou et qui prenait ses vêtements, le soir, pour aller rôder comme un galant bien venu sous les fenêtres des dames, se persuadant qu'il était un gentilhomme et se faisant passer pour Ordonio Eliséi. Des bandits profitèrent de sa démence et l'assassinèrent pour lui dérober les bijoux de son maître, dont il avait la vanité de se parer. Puis ils le défigurèrent, comme on te l'a dit, pour empêcher les recherches. On avait déjà arrêté un de ces scélérats, il y a quelques jours, et on retardait son jugement, comptant qu'il révélerait peut-être sa complicité avec Alvise, lorsqu'Ordonio est revenu tout d'un coup détromper tout le monde, les juges comme les accusés, Alvise, nous tous, et toi-même, ma chère enfant, qui t'es effrayée d'un fantôme et qui n'as été exposée qu'aux poursuites d'un insensé. Ainsi renais à la joie, à la sécurité, ma fille: ton mari va nous être rendu, le brave Néri aussi; et le seigneur Ordonio, qui s'est noblement conduit à notre égard, est un galant homme qu'il faut estimer pour son zèle, son dévouement, et l'intérêt qu'il nous a montré. Notre duc de Florence, qui est un généreux souverain et qui le protège comme gentilhomme et comme étranger, s'intéresse vivement, dit-on, à cette affaire: il en abrégera les formalités... Tu sembles bien préoccupée ! On dirait que tu n'as pas compris le récit que je viens de te faire.

COSIMA, préoccupée.

Oh ! c'est une énigme pour moi !

LE CHANOINE.

Tu ne m'as donc pas écouté?

COSIMA.

Non apparemment, mon oncle! je suis si émue, si heureuse , si impatiente de revoir Alvise!... Mais qui donc se promenait là... (Montrant la fenêtre. ) sous ces arcades, tous les soirs, pendant des heures , pendant des nuits entières?...

LE CHANOINE.

Le page d'Ordonio.

COSIMA.

Et qui donc a été assassiné?

LÉ CHANOINE.

Le page, te dis-je !...

COSIMA.

Oh! c'est impossible!... Mais que m'importe à moi? Ordonio est vivant, mon mari est sauvé! Mon oncle, je vous dirai ce que je trouve d'étrange dans tout ceci... mais pas aujourd'hui... plus tard !...

LE CHANOINE.

Et pourquoi pas tout de suite, ma fille?

COSIMA.

Oh non! mon oncle... (A part.) Quel est donc ce nouveau mystère? Est-ce un adroit mensonge d'Ordonio pour s'introduire dans ma famille?... Serais-je sa complice?... Mais dois-je éveiller les soupçons de mon mari?... Oh non! le bonheur, le repos d'Alvise avant tout! Je me tairai du moins jusqu'à ce que....

LE CHANOINE, à part.

Elle est bien agitée... Ordonio voudrait-il... oserait-il nous tromper? J'aurai l'œil sur lui. (Haut.) Ma fille, la dignité de ton mari, la nôtre à tous est dans tes mains.

COSIMA.

Que voulez-vous dire, mon oncle?

LE CHANOINE.

Cosima, vous êtes jeune, vous êtes belle ; mais il est une parure sans laquelle toute beauté terrestre perd son éclat et son prix. Cette parure, c'est une bonne renommée; elle doit être sans tache....

COSIMA.

La mienne est-elle donc entachée, mon oncle?

LE CHANOINE.

Non, certes! Tous les bruits qui ont couru sur la cause mystérieuse du procès d'Alvise n'ont pu porter atteinte à ta réputation. La vérité va être connue de tous, et l'innocence de ton mari proclame la tienne. Mais songe que désormais l'attention publique est éveillée... Bien des regards vont être fixés sur toi! Le seigneur Ordonio est un homme de cour, un jeune homme... Dieu me préserve de croire que ma chère Cosima puisse tomber dans les piéges d'une séduction vulgaire! Ton honneur, mon enfant, c'est la richesse, c'est la gloire d'Alvise!... Songe à la noble confiance avec laquelle cet homme généreux et pur a accepté les éclaircissements que le seigneur Ordonio est venu lui donner. Cette confiance qui lui fait honneur serait salie et raillée par la méchanceté des hommes, si jamais....

COSIMA, troublée.

Mon Dieu! Alvise aurait-il sujet de se repentir déjà?.. Mon père, aurait-il des soupçons?

LE CHANOINE.

Non, ma fille, il n'en a conservé aucun. Ordonio s'est

montré si empressé à le servir et si heureux de le voir
sauvé, qu'à moins de le regarder comme le dernier des
hommes... il serait impossible de douter de lui. Alvise a
été touché de sa noble conduite, et il va te le présenter
sans doute....

COSIMA, troublée, à part.

A moi! Oh! mon Dieu! comment oserai-je lui dire....

# Scène IV.

## PASCALINA, COSIMA, LE CHANOINE.

PASCALINA, tout essoufflée et criant de joie.

Signora, signora! voilà notre maître... notre maître!...
avec ce cher monsieur Néri.... et ce cher mort qui est res-
suscité... Voilà!... les voilà!...

( Cosima s'est élancée au-devant de son mari qui entre avec Néri, Ordonio, le
Barigel, Malavolti et Farganaccio. Cosima se jette dans les bras d'Alvise qui la
tient longtemps embrassée. Gonelle se tient au fond du théâtre.)

ALVISE.

Dieu de bonté! cet instant efface toutes mes peines.
— (Au chanoine.) Vous ne m'attendiez pas si tôt, mon cher
oncle?

(Ils s'embrassent.)

COSIMA.

Sauvé! tout à fait sauvé?...

LE BARIGEL.

Oui, madame; à la première menace des tourments
qu'on inflige aux accusés, le véritable assassin a tout con-
fessé. Il a nommé ses complices, et le duc notre maître, en

attendant l'arrêt qui doit absoudre Alvise, s'est porté lui-même caution pour votre mari, et l'a fait mettre en liberté.

COSIMA, regardant son mari.

O mon Dieu! ces tourments!.... tu les as soufferts peut-être, Alvise!... Ta pâleur me les révèle, ô mon ami!

ALVISE, la serrant sur son cœur.

Je ne m'en souviens plus! (Lui présentant Ordonio.) Voilà notre sauveur, un digne gentilhomme, un frère, Cosima, à qui je te prie de présenter ta main en signe d'amitié.

(Cosima hésite, Alvise insiste, Ordonio lui baise la main d'un air contraint et respectueux, puis s'incline profondément.)

FARGANACCIO, bas à Malavolti.

Voyez donc Alvise qui présente ce galant à sa femme!

MALAVOLTI, de même.

Que voulez-vous? on ne meurt pas deux fois. Il est tout simple qu'on tienne un peu à la vie!

ALVISE, à Pascalina qui pleure dans un coin.

Eh bien! toi, tu ne me dis rien? Viens donc m'embrasser, ma pauvre fille!

(Pascalina se jette à son cou en criant et en sanglottant.)

LE BARIGEL.

Alvise, la manière dont vous êtes accueilli dans votre maison est la plus belle réhabilitation possible.

ALVISE.

Je n'en demande pas d'autre, et je ne me plains pas de l'avoir payée cher.

ORDONIO.

Maintenant que vous êtes tous heureux, permettez-moi de prendre congé de vous.

ALVISE.

Non pas! non pas! Vous allez souper avec nous.

ORDONIO.

Impossible; j'ai beaucoup d'affaires à terminer.

ALVISE.

Dites donc à commencer! Vous ne faites que d'arriver.

ORDONIO.

Et je repars ce soir.

ALVISE.

Sur mon honneur! je ne le souffrirai pas. Vous ne voudriez pas me causer ce chagrin.

ORDONIO, regardant Cosima, qui baisse les yeux.

Demain, en ce cas.

ALVISE.

Ni demain, ni après.

ORDONIO, après avoir regardé Cosima, qui garde encore le silence.

Dans quelques jours du moins.

ALVISE.

Puissiez-vous ne jamais nous quitter!

LE CHANOINE, avec intention.

Il ne faudrait pourtant pas que messire Ordonio sacrifiât ses intérêts aux exigences de notre amitié.

ALVISE.

En fait d'amitié, je ne comprends rien à la discrétion. Restez longtemps près de nous! Cosima, dis-lui que tu le veux.

COSIMA, à Ordonio, avec embarras.

Daignerez-vous céder aux prières de mon mari?

ORDONIO, avec intention.

Si vous y joignez les vôtres, madame...

ALVISE.

Voilà qui est convenu. Ce jour sera donc sans nuage pour moi!.. Mais Néri? ma femme!.. tu n'as rien dit à Néri!..

(Il le cherche, et va le prendre dans un coin, où il s'est tenu triste et recueilli, durant toute cette scène.)

Quoi! c'est toi qui viens le dernier embrasser ta sœur? Cosima! tu ne sais donc pas ce qu'il a fait pour moi? lui qui s'est accusé pour me sauver!.. On s'est donné plus de peine pour lui faire avouer son innocence, qu'on n'en prend pour arracher aux autres l'aveu du crime. (A Néri, avec saisissement, en le regardant.) Ah! mon enfant, tu as plus souffert que moi, je le vois bien!.. Regarde, Cosima! il a persisté dans les tourments à dire qu'il était coupable!..

NÉRI.

Vous n'avez pas daigné encore vous souvenir de moi, Cosima! Il est vrai que lorsque nous nous sommes quittés j'avais encouru votre disgrâce.

COSIMA.

Néri!

(Elle se courbe lentement devant lui et se met à genoux; Néri, éperdu, relève Cosima, qui l'embrasse avec effusion.

ALVISE.

Oh oui! tu as raison, ma bonne femme.

FARGANACCIO.

Allons! trève de soupirs et de larmes! Vous nous devez un souper, Alvise!

ALVISE.

Et il sera aussi joyeux que le dernier fut triste. Allons, Malavolti, nous dirons encore le verre en main : Vive la Flandre!

PASCALINA, qui est sortie un instant, rentre toute joyeuse.

Seigneur Alvise, voici tous les gens du quartier, et tous vos ouvriers, avec tous ceux des corporations de la ville, qui viennent vous complimenter.

(Elle sort.)

ALVISE.

Allons remercier ces braves gens, Gonelle! Va vite dé-foncer un tonneau de mon meilleur vin!

( Alvise sort ; tous les autres personnages le suivent, excepté Cosima et Ordonio, qui sont restés les derniers. Ordonio la retient au moment où elle va sorti aussi.)

ORDONIO.

J'ai menti! Pour vous revoir que n'aurais-je pas fait!

COSIMA.

N'espérez pas, monsieur, que je soutienne ce mensonge devant mon oncle, devant mon mari! Laissez-moi, mon-sieur; ma place est auprès de mon mari.

(Elle sort.)

# Scène V.

### ORDONIO, *seul.*

La vertu a donc son effronterie comme le vice! Quoi!
cette femme que j'ai quittée avouant son amour au confessionnal, et que je retrouve ici, tout à l'heure, arrosant
ma dernière lettre de ses pleurs, ose à l'instant même
reprendre l'audace de son rôle, et me traiter en esclave!
Vous jouez trop gros jeu, madame, et vous perdrez la
partie. Un peu de faiblesse, un peu de crainte vous eût
sauvée peut-être! Mais vous me mettez au défi, et, comme
une femme que vous êtes, vous succomberez grâce à votre
orgueil et au mien!

FIN DU SECOND ACTE.

# ACTE TROISIÈME.

# ACTE TROISIÈME.

Maison de campagne d'Alvise près de Florence, au pied des Apennins. — Un jardin en terrasse. Vers le fond, de côté, un édifice fort simple. Au premier plan, un banc; au fond, les montagnes.

## Scène première.

### GONELLE, PASCALINA.

(Pascalina fait un bouquet. Gonelle passe le rateau sur le sol.)

PASCALINA.

Je ne sais pas si c'est que la campagne m'ennuie, ou si c'est que je te vois ici plus souvent qu'à la ville, mais vraiment je crois que si cela continue, j'aurai des vapeurs.

GONELLE.

C'est l'air de la montagne. Ça fait le même effet à tout le monde. Dites donc, Pascalina, avez-vous remarqué comme madame est triste depuis quelque temps?

PASCALINA.

De quoi te mêles-tu?

GONELLE.

Et monsieur Néri! Ah! mon Dieu! cela fait de la peine à voir!

### PASCALINA.

Est-ce que cela te regarde?

### GONELLE.

Quant au seigneur Ordonio, il n'est guère plus gai que les autres.

### PASCALINA.

Qu'est-ce que cela te fait? Et d'ailleurs, qu'en sais-tu du seigneur Ordonio?

### GONELLE.

Pardienne! il vient assez souvent pour qu'on voie la mine qu'il a.

### PASCALINA.

Il vient fort peu depuis que notre maître est en voyage.

### GONELLE.

Fort peu, fort peu! D'où vient donc que je le rencontre ici quasi tous les soirs; quand je quitte mon ouvrage, je le vois se glisser sous les tilleuls, et quoiqu'il s'enveloppe dans son manteau, et qu'il laisse son cheval au bas de la montagne, je sais bien que c'est lui, allez!

### PASCALINA.

Eh bien! quand ce serait lui, quel mal y voyez-vous?

### GONELLE.

Est-ce que j'y vois du mal, moi? Qu'est-ce que ça me fait qu'il vienne ici une fois ou deux par semaine? Quand il viendrait trois fois, quatre fois, cinq...

### PASCALINA.

Tu es un sot! Au lieu de penser aux affaires d'autrui,

tu ferais mieux de travailler, paresseux! Allons, voilà madame qui vient prendre le frais sur sa terrasse, allez-vous-en, et ne revenez pas rôder autour d'elle. Vous l'importunez!

GONELLE, s'en allant.

C'est égal, il y a quelque chose là-dessous.

(Il sort.)

# Scène II.

### PASCALINA, COSIMA.

(Cosima entre rêveuse par le fond du théâtre.)

PASCALINA, à part.

Toujours triste! Ah! si ce méchant la rendait heureuse du moins! M'est avis que s'il y a tant de femmes malheureuses dans le mariage, ce n'est pas tant la faute du sacrement que celle des hommes, et que s'il y en a tant qui font de méchants maris c'est qu'il y en a plus encore qui font des amoureux détestables. (Haut.) Madame veut-elle accepter mon bouquet de ce soir?

COSIMA, tressaillant.

Merci, mon enfant!

(Elle prend le bouquet. Pascalina sort.)

COSIMA, regardant le fond du théâtre.

Il n'arrive pas!... Oh! avec quelle impatience je l'attends! Et quand il sera ici, je souffrirai! car le remords, l'effroi sont dans mon âme! C'est le châtiment de mon crime! — Si Ordonio était heureux, lui, du moins! Mais il souffre et se plaint de moi! Mon amour n'est rien pour lui sans l'entier oubli de mes devoirs... Ah! quelquefois je suis tentée de croire qu'il ne m'aime pas! — Et pourtant,

comme il s'arrache avec empressement à cette cour brillante
qui l'admire et le flatte, pour venir me voir, moi, pauvre
recluse... humble bourgeoise, obscure, ignorée, que personne ne vante, que personne ne connaît! — Ce n'est pas
la vanité qui l'attire ici!... Et comme il s'expose pour venir me voir ainsi, la nuit, par des chemins dangereux!...
Mais pourquoi donc ces instants d'amertume, d'ironie,
on dirait presque d'aversion! Pourquoi a-t-il des mots
qui glacent et des regards qui font peur! — Oh! pourquoi
Alvise m'abandonne-t-il ainsi! — Il a confiance en moi,
il m'estime, lui! Mais il a trop compté sur ma force... Et
mon oncle, pourquoi m'a-t-il trompée! Car il me disait
que la séduction ne pouvait m'atteindre... Il me trom-
pait!..... Ah! insensée! Je les accuse, et je leur cache
ce qui se passe en moi; j'évite les questions de mon
confesseur, je fuis le tribunal de la pénitence!...... Je
deviens impie, je deviens folle!... Ah! je souffre! Il est
temps qu'Alvise revienne. — Et s'il revenait déjà?... Ces
pas que j'entends, si c'étaient les siens... (Ordonio paraît.) Ordonio! ah! j'ai tremblé que ce ne fût pas lui!

# Scène III.

### COSIMA, ORDONIO.

#### ORDONIO.

Vous m'attendiez! et pourtant vous ne m'aviez pas
permis de venir aujourd'hui, madame.

#### COSIMA.

Je vous l'avais même défendu; ces trop fréquentes vi-
sites mettent ma réputation en danger, Ordonio!

ORDONIO.

Ah! sans doute, c'est là tout le danger qu'elles peuvent vous faire courir; mais je ne vous serai pas longtemps
fàcheux, madame, car je suis venu exprès aujourd'hui
pour vous faire mes adieux.

COSIMA, effrayée.

Vos adieux!....

ORDONIO.

Oui, madame, je quitte Florence.

COSIMA.

Pas pour longtemps, j'espère?

ORDONIO.

Pour toujours.

COSIMA.

Quel est ce jeu cruel, Ordonio? Quel plaisir trouvez-
vous donc à me faire souffrir?

ORDONIO, amèrement.

Vous faire souffrir! Quittez ce jeu, vous-même! Personne
ne vous a jamais fait souffrir, Cosima, et... j'en suis sùr,
vous ne souffrirez jamais!

COSIMA.

Personne ne m'a jugée ainsi!

ORDONIO.

Eh bien! moi, je vous juge.

COSIMA, avec des larmes.

Oh! pourtant, je souffre!...

ORDONIO.

Elle souffre!... Écoutez, je ne vous demande qu'un mot, et ce mot, il est temps de me le dire, s'il est vrai que vous m'aimiez.

COSIMA.

Vous en doutez!

ORDONIO.

Oh! je ne puis plus me payer de mots à double sens! Comment m'aimez-vous? Comme je vous aime ou comme votre confesseur vous a permis de m'aimer?

COSIMA.

Comme votre conscience et la mienne nous le prescrivent, Ordonio.

ORDONIO.

En ce cas, vous ne m'aimez pas, et je ne vous demande plus rien!

COSIMA.

Ah! si vous m'aimiez, vous, mon affection si pure, si dévouée, suffirait pour vous rendre heureux!

ORDONIO.

Si j'eusse pu croire que vous m'aimiez vivant comme vous m'avez aimé mort, et que votre amitié n'avait rien ôté à votre amour, j'aurais continué à subir le martyre que je m'étais imposé; mais je vois que cet amour, tout chaste et timide qu'il était, est jugé criminel et abjuré sans retour. La vertu l'a emporté dans votre âme sans trop de combat, il faut le dire. Peut-être l'amour de Néri a-t-il trouvé grâce auprès du chanoine de Sainte-Croix, et peut-

être aussi la miséricorde vous a-t-elle semblé plus facile à
exercer envers lui. Quoiqu'il en soit, je ne puis accepter
plus longtemps la part que vous me faites, et ma loyauté
répugne à tourmenter un rival qui me semble mieux traité
que moi.

COSIMA.

Néri! un rival!... Vous qui lui reprochiez si souvent
d'injustes méfiances, n'êtes-vous pas plus injuste et plus
méfiant que lui? Oh! mon ami, revenez à vous-même.
Depuis quelque temps il me semble que ce n'est pas vous
qui me parlez! Voudriez-vous détruire le bonheur que
vous m'aviez donné? Autant vaudrait m'arracher la vie,
car c'est depuis ce temps-là seulement que j'existe.

ORDONIO.

Dites-moi donc que vous m'aimez autrement que lui?

COSIMA.

Je vous aime mille fois plus, vous le savez.

ORDONIO.

Mille fois plus! mais de la même manière?

COSIMA.

Je ne vous comprends pas.

ORDONIO.

Vous m'aimez d'amitié! dites! rien que d'amitié?

COSIMA.

Ordonio! quel sens ont donc ces vaines distinctions
devant Dieu qui lit au fond des cœurs?

ORDONIO.

Eh bien! donc, vous m'aimez d'amour? (Se laissant tomber

doucement à ses genoux.) Oh! tu m'aimes d'amour! ne me le dis pas, puisque tu crains de prononcer ce mot terrible! mais laisse-moi lire mon bonheur dans tes yeux... Ne détourne, pas ton visage!...

COSIMA, voulant se lever.

Rentrons, mon ami. De telles émotions nous feraient oublier les promesses que nous avons faites à Dieu.

ORDONIO, la retenant et l'entourant de ses bras.

Un instant encore ainsi!... Est-ce donc trop demander après tant de souffrances et de sacrifices?

COSIMA, essayant de se dégager.

Oui, c'est trop, c'est plus que nous ne devons.

ORDONIO.

Enfant! qui donc tracera d'une main rigoureuse la limite où nos droits finissent et où nos devoirs commencent? En quoi donc fais-tu consister ta vertu? Un regard, un mot, un baiser... (Il l'attire vers lui.) peuvent-ils l'entacher, si le don de ton cœur l'a laissée pure?

COSIMA, se dégageant de ses bras.

Oh! laissez-moi, laissez-moi, vous dis-je! Est-ce que je n'ai pas déjà assez de remords dans l'âme? Est-ce que je n'ai pas trompé mon mari, mon oncle? Est-ce que je ne savais pas que vous mentiez, quand vous me disiez que vous m'aimiez comme une sœur!

ORDONIO.

Oh toi! dis-moi que tu ne m'aimes pas comme un frère! (Apercevant Néri.) Néri! damné sois-tu, surveillant incommode!

CimO SIMA.

C'est un ange protecteur que le ciel m'envoie.

ORDONIO.

Soyez tranquille, madame; cet ange n'a rien vu qui puisse lui ôter l'espoir de trouver le ciel sur la terre.

COSIMA.

Oh! taisez-vous!

# Scène IV.

### NÉRI, COSIMA, ORDONIO.

NÉRI.

Vous ne m'attendiez pas aujourd'hui?

COSIMA, troublée.

Vous êtes le bien-venu, mon ami!

NÉRI, à part.

Il ne me semble pas! (Haut.) J'ai quitté Florence pour vous apporter cette lettre de votre mari.

COSIMA.

Ah! merci!...

(Elle prend la lettre précipitamment, se rassied sur le banc et ouvre la lettre. Tout en la parcourant, elle lève les yeux à la dérobée et regarde avec inquiétude Néri et Ordonio qui ne se parlent pas et se tiennent dans une attitude hautaine et gênée.)

ORDONIO, à part.

Comme cette lettre est venue à point pour servir de contenance!

NÉRI, à part.

Comme elle est troublée! Que s'est-il donc passé? (Haut.)

Ma chère Cosima, je ne suis pas seul. J'ai rencontré en chemin votre oncle le chanoine et les amis de votre mari qui venaient vous rendre visite. Je les ai devancés.

COSIMA.

En ce cas, mon ami, allez les recevoir; je voudrais lire sans distraction la lettre d'Alvise.

(Néri s'éloigne après avoir regardé Ordonio qui ne le suit pas. Cosima, s'adressant à Ordonio.)

Allez aussi, Ordonio.

ORDONIO, ironiquement.

Il est donc bien jaloux!

COSIMA.

Vous voulez donc me compromettre?

ORDONIO.

Je ne veux pas vous brouiller avec lui!

# Scène V.

COSIMA, seule.

(Dès qu'elle est seule, elle oublie la lettre et la laisse tomber en parlant.)

Mon Dieu! il ne m'aime pas! Il ne m'estime pas, du moins. Comment peut-il croire que je le trompe? Ah! sans doute, puisqu'il me voit tromper mon mari, il peut se persuader qu'une trahison de plus ne me coûte pas davantage. Mais est-ce bien généreux à lui de me mépriser pour les fautes où il m'entraîne? Ah! je suis bien humiliée!... Ah! mon oncle!...

(Elle court vers le chanoine et se jette dans ses bras.)

# Scène VI.

### COSIMA, LE CHANOINE.

LE CHANOINE.

Eh bien! mon enfant, as-tu lu la lettre d'Alvise? Quand nous revient-il?

COSIMA, cherchant la lettre.

Je ne sais pas encore... Je ne l'ai pas finie, mon oncle.

LE CHANOINE.

Tu ne la lisais donc pas?

(Il ramasse la lettre.)

COSIMA, la parcourant.

Ah! dans quatre ou cinq jours, grâce au ciel!...

LE CHANOINE.

Grâce au ciel! comme tu me dis cela?... Auras-tu donc moins de joie au retour d'Alvise que tu n'as eu de douleur à son départ? Il va revenir le cœur plein de confiance et de tendresse, et rien n'empoisonnera la douceur de votre réunion, n'est-ce pas? Tu pourras présenter un front serein à son premier regard; car, s'il te trouvait pâle et tremblante comme te voici, il en serait effrayé et voudrait en savoir la cause. Certainement, tu pourrais la lui dire.

COSIMA, hors d'elle-même.

Ah! la feinte est un trop grand supplice; et, plutôt que de mentir, je me jetterais à ses pieds, et je lui dirais tout.

LE CHANOINE.

Tout! et vous ne m'avez rien dit à moi!

COSIMA.

Je vous ai trompé, j'ai trompé Alvise. Je vous ai menti
à tous, j'ai menti à Dieu !

LE CHANOINE.

Et maintenant, vous allez me dire la vérité, je le veux,
Cosima ! Au nom du Dieu qui vous voit et vous juge...
au nom de l'autorité paternelle que le ciel m'a donnée sur
toi !.. je l'exige... Parlez !

COSIMA.

J'ai revu Ordonio... Alvise m'en avait prié... je le lui
avais promis...

LE CHANOINE.

Vous m'aviez promis, à moi, de ne jamais le voir en
l'absence d'Alvise... Et vous l'avez vu souvent ?

COSIMA.

Assez souvent pour m'égarer, pour me perdre...

LE CHANOINE.

Pour te perdre !.. Oh non ! non ! c'est impossible...
Vous ne sentez pas la portée de vos paroles. L'effroi vous
égare... Dites-moi, dites-moi maintenant que ce n'est pas
vrai !..

COSIMA.

Mon âme est criminelle !

LE CHANOINE.

Si le remords est en vous aussi profond, aussi sincère
que vos larmes et vos paroles l'attestent, vous êtes déjà
sauvée, ma fille... Vous détestez le mal, vous le fuirez.
Vous fuirez Ordonio... vous ne le reverrez jamais !

COSIMA.

Il ne le faut plus, mon oncle, n'est-ce pas ? il ne le faut
plus !

(Elle fond en larmes.)

LE CHANOINE.

Mon enfant, Dieu t'aidera. Notre vie à tous est une
longue douleur, et cette terre est un lieu d'épreuve, où
nos larmes nous fraient la voie vers le ciel... Mon cœur
est brisé aussi, Cosima, brisé de la souffrance, et peut-être
du repentir de l'avoir causée. Car j'ai été imprudent, je
n'ai pas su te préserver. J'ai été un mauvais pasteur;
j'ai laissé errer loin de mes regards l'ouaille qui m'était
confiée, et maintenant il faut que je la rapporte au
bercail, sanglante et déchirée aux ronces du chemin. Ah!
je n'ai pas pu me méfier de toi, Cosima; je t'aimais trop
pour te soupçonner!

COSIMA, pleurant.

Vous m'avez trop estimée, mon oncle!

LE CHANOINE.

Et je t'estime toujours. Mais je te vois brisée et je t'aiderai. Je ne te quitterai plus. Je te sauverai, ma chère
fille, malgré ton ennemi, malgré toi-même, s'il le faut.
Allons, du courage! essuie tes pleurs. Un amour véritable,
sacré, veille sur toi, et il faudra bien que l'amour coupable
lui cède la place.

# Scène VII.

## COSIMA, LE CHANOINE, NÉRI, MALAVOLTI,
## FARGANACCIO.

FARGANACCIO, baisant la main de Cosima.

Salut à la belle campagnarde! Eh bien! quand revient
donc ce cher mari?

COSIMA.

La semaine prochaine.

MALAVOLTI.

Elle est bien longue à venir cette semaine-là, car il y a longtemps qu'on nous la promet! Il s'amuse donc bien en Sicile, votre mari! Si c'était un pays intéressant... commerçant...

FARGANACCIO.

Comme la Flandre, par exemple!

MALAVOLTI.

C'est ce que j'allais dire.

FARGANACCIO.

Ah çà! qu'est devenu votre beau chevalier Ordonio Éliséi? Gonelle nous avait dit qu'il était ici.

COSIMA, s'efforçant de répondre avec indifférence.

Mais il y est en effet... Sans doute, il se promène dans le parc.

MALAVOLTI.

Ah! Eh bien! (A Néri.) qu'est-ce que je vous disais? J'étais bien sûr de l'avoir aperçu au travers de la grille! Et vous me souteniez qu'il n'était pas ici!

LE CHANOINE.

Qu'a donc sa présence de si remarquable ici, messire Malavolti?

MALAVOLTI, à Farganaccio.

Bon! voilà le chanoine qui le protége, à présent!.. Ah! ils sont tous fous dans cette famille-là, c'est un parti pris!

FARGANACCIO, haut.

Moi, je trouve cela tout simple. Madame est assez belle

pour qu'on fasse souvent le chemin de Florence pour la voir.

COSIMA.

*Souvent,* monsieur?

FARGANACCIO.

Pardon! Je manque à la galanterie. Je voulais dire tous les jours.

COSIMA, avec fierté.

Messire Ordonio ne m'honore pas tous les jours de sa visite.

NÉRI, avec indignation.

Ceux qui le disent en ont menti, et ceux qui le ré-pètent...

LE CHANOINE, l'interrompant.

Se trompent.

COSIMA.

Vos seigneuries me feront-elles l'honneur d'entrer dans la maison?

MALAVOLTI.

Nous sommes venus, en courant, vous rendre nos devoirs et vous demander des nouvelles d'Alvise. Nous allons passer quelques jours chez le prieur de Cafaggiolo, et nous repartons à l'instant même. Déjà le jour baisse, et les sentiers de la montagne sont peu gracieux.

NÉRI.

Et moi je m'en retourne à Florence dès ce soir; j'ai quitté mon travail (S'adressant à Cosima.) pour vous apporter la lettre d'Alvise.

MALAVOLTI.

Et le seigneur Ordonio, avec qui s'en retourne-t-il?

6.

ORDONIO, sortant des bosquets.

Vous paraissez en peine de moi, messire!

MALAVOLTI.

Nous étions surpris de ne pas vous voir, seigneur Ordonio.

FARGANACCIO.

Nous aurions été marris de passer ici sans avoir l'avantage de vous y saluer.

ORDONIO, avec hauteur.

Je suis votre esclave.

FARGANACCIO, d'un air dégagé et se dandinant.

Eh bien! mon jeune maître, comment gouvernons-nous les plaisirs?

ORDONIO.

Comme vous gouvernez vos affaires, messieurs, le moins mal que nous pouvons.

MALAVOLTI.

Vous faites, assure-t-on, les délices de la cour!

LE CHANOINE, d'un ton ferme.

Ma nièce m'a dit que vous nous quittiez, seigneur Ordonio.

ORDONIO regarde Cosima d'un air de surprise, puis reprend avec assurance.

Oui, mon révérend. J'emporterai le vif regret de n'avoir pu prendre congé d'Alvise; mais madame, à laquelle je suis venu aujourd'hui offrir mes adieux, voudra bien m'excuser auprès de lui.

COSIMA, à part.

Malheureuse que je suis, je me sens mourir!

FARGANACCIO.

Ah! que vous allez faire couler de larmes! Tout le beau
sexe de Florence prendra le deuil.

ORDONIO, haut, avec intention.

Je ne crois pas, car ce sont justement ses rigueurs qui
me chassent.

FARGANACCIO,

C'est trop de modestie! Et la dame voilée que je rencontre tous les soirs (oh! c'est un singulier hasard!) au
coin de votre rue, et qui disparaît juste devant cette petite
porte.... vous savez bien? une petite porte qui se trouve
je ne sais comment au bas de votre maison?... Eh! eh!
On sait vos secrets!

COSIMA tressaille, et dit tout bas avec agitation au chanoine qui l'observe
attentivement.

Ce n'est pas moi, mon oncle!

LE CHANOINE, bas à Cosima.

J'en suis bien sûr, mon enfant!

ORDONIO, bas à Cosima.

Ne feignez pas cette tristesse, madame; Néri a l'œil sur
vous.

COSIMA, de même.

Encore! Ah, ciel! nous quitterons-nous ainsi?

ORDONIO.

Il n'eût tenu qu'à vous de me retenir, ce me semble!

COSIMA.

C'est vous qui me forcez...

FARGANACCIO, s'approchant d'eux.

Vous m'en voulez d'avoir trahi cette bonne fortune?

Ah! signora, il en a bien d'autres! Allons, mon cher! vous êtes l'homme le plus galant de la cour. On dit que notre duc vous a pris en une telle considération, qu'il ne porte plus que des pourpoints taillés sur le modèle des vôtres.

ORDONIO.

C'est vrai. Il a pris la fantaisie de s'habiller à la vénitienne, et nos modes lui plaisent tant qu'il m'a chargé de lui envoyer nos plus belles étoffes. Il les trouve très supérieures à celles qu'on fabrique dans ses états.

MALAVOLTI.

Merci Dieu! c'est nous qui les fabriquons, et le duc ne nous retirera pas, j'espère, la fourniture de sa maison! nous l'avons de père en fils!

FARGANACCIO.

Mais je suis associé dans l'entreprise, moi! Diable! n'allez pas mettre dans l'esprit du duc une pareille sottise!...

ORDONIO.

Comment me faites-vous l'honneur de dire?

MALAVOLTI, se radoucissant.

Vous n'êtes pas compétent sur ces matières-là, seigneur Ordonio?...

ORDONIO.

Je vous demande pardon. J'en parle au duc *ex professo*, car nous sommes tous négociants à Venise. Plèbe et seigneurie, tout le monde travaille et fabrique. Vous êtes des hommes trop supérieurs, vous autres, pour soigner vous-mêmes votre industrie. Vous êtes doués de haute observation et de fine critique; oh! sans contredit, vous avez plus d'esprit que nous! mais nos étoffes valent mieux que les vôtres, et le duc l'a reconnu.

(Pascalina et Gonelle entrent avec des flambeaux.)

NÉRI.

La nuit est venue, messieurs ; partons-nous ?

MALAVOLTI.

Nous ne suivons pas la même route.

(Il veut s'approcher d'Ordonio.)

ORDONIO, lui tournant le dos.

Néri, je pars avec vous. (A Cosima.) Etes-vous contente
de moi, madame? Dois-je vous baiser la main? Ne le
trouvera-t-il pas mauvais?

COSIMA, de même.

Votre dernière parole sera donc une parole amère?

ORDONIO, lui baisant la main d'un air cérémonieux, lui dit tout bas.

Dois-je rester encore un jour?... (Cosima hésite.) Vous
ne voulez pas?

FARGANACCIO, bas à Malavolti.

Je ne sais ce qu'ils se disent; la Cosima est pâle comme
une morte.

COSIMA.

Bonsoir, Néri !

NÉRI.

Vous paraissez souffrante !

LE CHANOINE, à Néri.

Tais-toi ! (A Cosima.) Allons, ma fille, Dieu te regarde!
(Haut à Ordonio, avec intention.) Je vous salue, messire, car vous
nous quittez ?

ORDONIO, d'un air dégagé.

Mon révérend, je vous baise les mains.

LE CHANOINE, haut à Cosima.

Ne vous dérangez pas, ma nièce, restez! Je reconduirai
ces messieurs.

COSIMA, hors d'elle-même et se traînant à peine.

Je veux vous voir monter à cheval, messieurs!

FARGANACCIO.

Vous verrez que je n'y ai pas mauvaise façon.

MALAVOLTI.

Non! pour un homme de son âge!

COSIMA, s'approche d'Ordonio avec une sorte de désespoir et près de s'oublier. Ordonio recule.

ORDONIO, à Néri.

Néri, donnez le bras à madame, puisqu'elle veut absolument prendre la peine de nous reconduire.

COSIMA, à part et près de tomber.

Mon Dieu!

(Tous sortent.)

# Scène VIII.

Pascalina, portant un flambeau et suivant les acteurs précédents, est arrêtée par Alvise au moment où elle va sortir.

## PASCALINA, ALVISE, en tenue de voyage.

PASCALINA.

Jésus, Maria!.. Qui êtes-vous?.. Je crie au voleur, d'abord!

ALVISE.

Tais-toi, folle; ne me reconnais-tu pas?

PASCALINA, laissant tomber son flambeau.

Ah! notre maître!..

ALVISE.

Oui, mon enfant, ne fais pas de bruit. Je suis entré par

la petite porte du parc. J'ai laissé mon cheval attaché à
un arbre... Je me suis glissé jusqu'ici. J'ai bien entendu
plusieurs voix....

PASCALINA.

Ah! monsieur! c'est votre oncle le chanoine... et monsieur Néri!.. vrai! et vos deux vieux voisins, sur l'honneur!

ALVISE.

C'est bon, c'est bon! Laissons-les partir. J'aime mieux
qu'ils ne me voient pas. J'ai honte d'être si ému! Je suis
si heureux de voir ce jardin... et cette maison!

PASCALINA, à part, essuyant ses yeux.

Pauvre maître! (Haut.) Je vais avertir madame, n'est-
ce pas?

ALVISE.

Non, non, ne lui dis rien de mon arrivée!... Je me
fais un plaisir de la surprendre.

(Pascalina sort.)

# Scène IX.

ALVISE, *seul*.

Ce ne sont pas leurs fâcheuses lettres, ni leurs avis
pleins de malveillance qui m'ont fait revenir plus tôt. Oh!
non!... non!... Cependant je tremble comme si un événe-
ment sinistre pesait sur mon âme... C'est la joie sans doute
qui fait battre ainsi mon cœur... Cosima! le cœur qui
t'aime est fermé au soupçon!.. Ah! la voici!.. Ne la sur-
prenons pas trop vite de peur de l'effrayer.

# Scène X.

### COSIMA, ALVISE.

*Cosima, éperdue, se laisse tomber sur le banc, cache son visage dans ses mains, et sanglotte.*

ALVISE.

Ah! mon Dieu! il me semble qu'elle pleure!

COSIMA.

Parti!.. parti sans me dire un mot de tendresse ou de pitié!... Oh! j'aime mieux la mort que son oubli, j'aime mieux le remords que son indifférence. Ne plus le voir? Mais que deviendrai-je donc? Que ferai-je de mon temps, de mes pensées, de mes larmes?... Oh! non, non! qu'il revienne, qu'il soit encore là! Pour le voir encore un instant, je donnerais toute une vie de calme et de vertu!....

ALVISE, à part.

Que dit-elle donc? et qui vient ici?

# Scène XI.

### LES PRÉCÉDENTS, ORDONIO.

*Cosima sur le banc à droite. Alvise à gauche, dans l'obscurité, tâchant de voir et d'entendre sans être vu. Ordonio sortant des bosquets, le chapeau sur la tête et le fouet à la main, se jette aux pieds de Cosima qui pousse un cri de surprise.*

COSIMA.

Vous! — A quoi songez-vous? vous me perdez!

ORDONIO.

Ne crains rien. J'ai feint d'être emporté par mon cheval, et pendant qu'ils cherchaient à me joindre, j'ai sauté le fossé du parc, et me voici. (Riant.) Ce pauvre Néri galoppe après moi, certes, comme il n'a galoppé de sa vie.

ALVISE, à part.

Ah! ce n'est pas Néri qui me trahit du moins!

(Il se rapproche.)

COSIMA.

Que voulez-vous? partez; nous n'avons plus rien à nous dire.

ORDONIO.

Orgueilleuse, qui m'aime et qui ne veut pas me l'avouer!

ALVISE, à part.

C'est la voix d'Ordonio!

COSIMA.

Et vous! vous ne m'aimez pas. Ce n'est pas moi que vous aimez!

ORDONIO.

Toi seule.

COSIMA.

Non, ce n'est pas moi, vous dis-je, vous me trompez!

ORDONIO.

Jalouse! oh! dis-moi que tu es jalouse.

COSIMA.

Taisez-vous; mon oncle est ici, il peut nous surprendre; partez, hâtez-vous.

ORDONIO.

Dis-moi de revenir demain... ou je reste...

COSIMA.

Eh bien! restez à Florence jusqu'au retour d'Alvise,

mais fuyez maintenant! — Tenez! (Elle baisse la voix.) ne voyez-vous pas là, sous ces arbres... comme une personne qui nous écoute?

ORDONIO, de même.

Non, ce n'est rien!... Sois tranquille. A bientôt, ma bien-aimée!

(Il s'éloigne, Cosima rentre dans la maison.)

# Scène XII.

ALVISE, atterré et pouvant à peine se soutenir.

Ils s'aiment! ils me trahissent! Oh! non, non, c'est impossible, j'ai rêvé cela! Elle ne l'aime pas, elle ne peut pas l'aimer..(Faisant un pas vers les bosquets sous lesquels Ordonio a disparu.) O toi qui mens à l'amitié et qui fuis dans les ténèbres, infâme! malheur, malheur à toi!...... (S'arrêtant.) Cosima!... Mon cœur est brisé! ( Levant les bras au ciel.) O justice! justice de Dieu !...        (Il tombe anéanti sur le banc.)

FIN DU TROISIÈME ACTE.

# ACTE QUATRIÈME.

# ACTE QUATRIÈME.

## Scène première.



### ORDONIO, seul devant sa table.

La faire souffrir!... C'était le seul parti à prendre. Avec de la fermeté on dompte les natures féminines les plus rebelles. Leur force n'est jamais qu'un essai; leur menace, un défi. Depuis que j'ai su tirer parti du hasard pour éveiller le soupçon dans son âme, sa force et sa fierté se sont évanouies. C'est elle qui m'implore à présent. Elle a abjuré ses remords, sa prudence, sa dévotion et jusqu'à la crainte d'alarmer son mari. Elle oublie tout, absorbée par une seule crainte, occupée d'un seul soin : la crainte d'avoir une rivale, le soin de s'en assurer... Il est bon qu'elle le croie! Encore quelques jours de cette erreur, et son orgueil est terrassé. Oh! la femme veut faire souffrir, et elle ne souffre, elle, que quand elle croit ne pas faire souffrir assez... (Un domestique entre.) Qu'y a-t-il?

### LE DOMESTIQUE, lui remettant une lettre.

Un message de monseigneur le duc.

ORDONIO.

**Donnez!...** (Le domestique sort.) Quelque nouvelle confidence amoureuse! Ce brave prince est d'une candeur qui me ferait sourire, n'était le respect que je lui dois. (Lisant.) « Je puis dérober une heure aux affaires. Vous savez à qui « je veux la consacrer. Écrivez un mot à la comtesse.... « Envoyez-lui un page, et qu'elle soit chez vous dans une « heure. Tous mes gens sont connus de son mari. » C'est cela! Il faut que je m'expose en même temps à la fureur de ce bon monsieur des Uberti, qui est jaloux comme un tigre, et à celle de ma belle Cosima, qui est jalouse comme une dévote! Ce cher duc est bien de nature princière! Rien ne lui paraît plus simple que de s'emparer de ma maison, de mon repos, de ma vie tout entière, pour satis-faire sa passion! — Heureusement, il me sert plus qu'il ne pense en attirant sa dame ici tous les jours. Je gagerais que Cosima envoie Néri rôder autour de mon palais... Le simple jeune homme est capable de tout pour lui plaire, et je suis bien certain qu'il ne lui ménage pas l'assertion de mon infidélité. — C'est bien! Tous servent mes intérêts, et, sans sortir de chez moi, je vais à mon but. Allons! il faut que j'écrive à la comtesse! (Il se dispose à écrire. Le domestique reparaît.) Qu'est-ce encore?

LE DOMESTIQUE, à demi-voix.

La personne qui vient souvent ici, cachée sous son voile, s'est présentée à la petite porte. Je lui ai, comme de coutume, ouvert le passage secret. Elle vient.

ORDONIO, refermant la porte.

C'est bon. — (Seul.) Déjà! la comtesse n'attend pas qu'on l'avertisse! Elle devine les ordres de son maître. Quand donc ma belle Cosima viendra-t-elle ainsi au-devant de mes pensées?

(Il va ouvrir un panneau mobile dans la boiserie à droite, en le faisant glisser. Le panneau donne issue à un passage secret.)

# Scène II.

ORDONIO, COSIMA voilée.

ORDONIO, la saluant avec respect.

J'allais vous envoyer un message, madame la comtesse.

COSIMA, levant son voile.

Quelle est donc cette femme que vous appelez madame la comtesse avant de voir son visage?

ORDONIO.

Cosima! (Se remettant après un instant de surprise.) Et c'est pour le savoir que vous faites l'imprudence de venir vous-même ici, madame?

COSIMA.

Non, ce n'était pas pour cela, car le ciel est témoin que je n'y croyais pas.

(Elle s'assied toute tremblante.)

ORDONIO, à part.

Jalouse!... et tout à l'heure, si je l'implore, elle va me dire qu'elle ne m'aime pas! (Haut.) Puis-je savoir, madame, quel motif assez grave....

COSIMA.

C'est vous qui m'interrogez, monsieur? Je ne m'y serais pas attendue.

ORDONIO.

Est-ce donc vous, madame, qui me faites cet honneur? Vous ne m'y avez guère accoutumé. Prenez garde! Je pourrais m'enorgueillir étrangement, si vous veniez vous inquiéter des personnes que je reçois.

7

COSIMA, inquiète.

Il est vrai que je n'ai aucun droit à vous le demander.

ORDONIO.

Oh! je ne le sais que trop, madame! Et si vous manifestiez votre volonté à cet égard...

COSIMA, inquiète.

Eh bien! vous consentiriez sans doute...

ORDONIO, avec fatuité.

Oh! je me trouverais bien heureux! Exciter la jalousie quand on croit n'inspirer que le dédain! c'est passer de la servitude au triomphe; on en peut mourir de joie!... Ménagez-moi, madame! (Il s'assied auprès d'elle.)

COSIMA, préoccupée.

C'est donc pour cela que vous êtes resté huit jours sans me voir!...

ORDONIO.

Quand même il y aurait à mon éloignement d'autres raisons que votre volonté, madame, serais-je coupable envers vous?

COSIMA.

Oh oui! monsieur, vous le seriez beaucoup.

ORDONIO.

Prouvez-le-moi, c'est tout ce que je demande.

COSIMA.

Dépouillons toute feinte, Ordonio. Je vous aimais, vous le savez; et il se peut que malgré moi... oh! bien malgré moi!... je vous aime encore. Mais je ne dois plus et ne veux plus vous aimer. A la veille peut-être de devenir coupable, je me suis arrêtée au bord de l'abime. La généreuse confiance de mon mari m'a sauvée. Oh! quel crime ce serait de tromper un homme tel que lui! Vous l'avez senti comme moi, Ordonio, car vous êtes noble, vous êtes grand, et vous m'avez promis de m'aider à guérir.

ORDONIO.

Eh bien! madame, n'ai-je pas voulu tenir ma promesse? Depuis deux mois qu'Alvise est de retour, combien de fois n'ai-je pas essayé de vous quitter? N'est-ce pas vous qui m'avez retenu? Humilié, contraint, malheureux auprès de vous, n'espérant plus rien, et ne voulant plus rien demander, j'ai cru voir enfin que désormais, sûre de vous-même, et réconciliée avec votre confesseur, vous vouliez éterniser ma souffrance. On eût dit qu'elle seule vous donnait la force de me résister...

COSIMA.

Votre souffrance? non; mais votre regret peut-être!... Eh bien! quand cela serait, n'est-ce pas dans le cœur humain? La vertu dans l'amour n'est-elle pas un sacrifice réciproque? Quand vous en acceptiez la moitié, ce sacrifice était sublime à mes yeux; mais quand vous m'avez laissée l'accomplir seule, raillant mes efforts, niant ma sincérité, abjurant toute compassion, toute estime, toute sympathie, ah! ce courage a été au-dessus de mes forces!

ORDONIO.

Abjurez donc un rêve de vertu que l'amour appelle orgueil ou lâcheté!

COSIMA.

Dites-moi, Ordonio, si vous vous mariez un jour, est-ce là le langage que vous tiendrez à votre femme?

7.

ORDONIO, avec ironie.

Vraiment, madame, vous parlez morale comme un docteur! Acceptez donc mes adieux, et ne rallumez pas sans cesse mon amour par vos reproches!

COSIMA.

Oh! je ne vous demandais que votre amitié! Je voulais qu'en nous quittant nous emportassions du moins l'estime l'un de l'autre. Je voulais que nous finissions comme nous avions commencé, par un chaste baiser et un adieu fraternel sous les yeux d'Alvise. Alors j'eusse pu vous perdre, et ne pas désirer de vous oublier. J'eusse songé à vous tous les jours de ma vie, et mes larmes eussent été douces. J'aurais pu me dire : Il m'a vraiment aimée, et la mort nous réunira peut-être!... Ah! vous autres hommes, vous ne savez pas ce que c'est qu'un unique rêve de bonheur dans une vie d'abnégation. Vous oubliez, dans l'ivresse d'une passion nouvelle, les douleurs et les mécomptes de celle qui l'a précédée. Vous n'avez pas besoin de vous souvenir et de conserver pure cette fleur brisée, mais non flétrie, d'un premier, d'un dernier amour!

ORDONIO, à part, la regardant.

Cette femme est belle! Je n'y renoncerai pas. (Haut, avec une passion factice.) Cosima, tu l'emportes, et je me soumettrai. Oui, je veux que tu te souviennes de moi, et que tu me regrettes. Vivre dans ton cœur, et mourir à tout le reste!.. Tu l'exiges, je partirai! mais auparavant... tu me diras encore une fois que tu m'aimes. (Il s'approche d'elle, et l'entoure de ses bras.) Tu me le diras comme tu me l'as dit une fois... et... tu ne me repousseras pas si je te presse une dernière fois sur mon cœur... Oh! ma bien-aimée, nous séparerons-nous ainsi?.. Et moi, n'emporterai-je de cet amour, si tôt sacrifié au devoir, aucun souvenir dont l'ivresse rachète le vide affreux où ma vie va se consumer? Oh! ne t'arrache pas de mes bras, sans m'avoir fait croire à cet amour que je vais aussitôt immoler à ton honneur et à ton repos!.. Tiens!.. laisse-moi te dire...

COSIMA, se levant avec douleur.

Ah!.. vous ne m'avez pas comprise !

ORDONIO.

Tu ne m'aimes pas!..

COSIMA.

Et vous, vous ne m'estimez·point!..

ORDONIO.

, Si tu veux que je t'estime, prouve-moi que tu aimes.

COSIMA.

Hélas! je suis ici, et vous pouvez en douter!

ORDONIO, à part.

Au fait!.. elle est ici... (Il jette un regard significatif et rapide autour de la chambre, et se rapproche de Cosima avec assurance.) Ne me pousse pas au désespoir... j'ai trop souffert, vois-tu!.. Et tu veux que j'épuise ce calice sans adoucissement, sans consolation... sans souvenir enfin!.. Car tu invoques l'avenir, toi! Eh bien! si tu m'aimais, tu ne t'effrayerais pas d'y porter la pensée de m'avoir fait heureux!.. Ne me fuis pas!..

COSIMA, s'appuyant sur la porte secrète de droite.

Adieu! Tout ce que vous me dites me déchire, car c'est tout le contraire de ce que je venais vous demander!.. Adieu... Oubliez-moi...

(Elle cherche à ouvrir la porte, et comme elle n'y réussit pas et qu'Ordonio s'avance vers elle d'un air hardi, elle commence à s'effrayer et lui dit toute tremblante. )

Aidez-moi donc à ouvrir cette porte!

ORDONIO, avec véhémence et l'attirant vers le milieu du théâtre.

Tu veux partir! ah! tu ne crois pas que j'y consen-
tirai!..

COSIMA, avec force et le repoussant.

Laissez-moi, monsieur !

ORDONIO, avec colère.

Eh bien! partez donc! et adieu pour jamais! (Il met la main
sur le bouton de la porte.) Est-ce ainsi que nous nous quitterons?
Vous le voulez? Vous n'en aurez pas de regret?

COSIMA.

Jamais !..

ORDONIO, tenant toujours la porte, et d'une voix âpre et irritée.

Eh bien! vous partirez! mais auparavant, vous entendrez la vérité, car il est temps que je vous la dise. Vous
n'aimez personne, vous n'aimez rien! Vous n'êtes qu'é-
goïsme et vanité. Un amant n'est pour vous qu'un
serviteur, un valet qui ramasse votre bouquet et vous
présente votre éventail... Qu'il se traîne à vos pieds, le
front dans la poussière, sans jamais oser se déclarer, et
vous le garderez à votre service comme vous gardez Néri.
Mais qu'il se lasse, comme moi, d'être joué, oh! alors,
malheur à lui! car, pour l'enchaîner, vous vous ferez
belle, éloquente, humble même, comme vous l'étiez tout à
l'heure; ou bien vous l'écraserez de votre indignation
comme vous le faites en cet instant; vous froisserez vos
belles mains comme vous les froissez à présent; vous pleu-
rerez même, au besoin, comme vous allez le faire, si vous
voulez vous en donner la peine!..

COSIMA, avec exaspération et s'appuyant convulsivement sur la table.

Mon Dieu! vous l'entendez! C'est ainsi qu'il me juge, c'est ainsi qu'il me connaît! Quand je viens ici, au risque de me perdre, lui dire toute ma douleur, toute ma folie!.. lui, lui! me raille, et m'outrage; il brise mon cœur sans pitié, sans respect! Ah! cet homme est de glace!

(Elle tombe le visage dans ses mains et courbée sur la table.)

ORDONIO, à part.

C'est bien! la voilà telle que je la voulais! Elle est à moi maintenant... (Se rapprochant d'un air soumis.) Cosima, je t'ai fait du mal. Pardonne! ma tête s'égare!..

COSIMA, se relevant avec dignité,

Non, monsieur! votre tête est froide, votre cœur aussi, et le mien est tranquille désormais! J'ai cru vous aimer, je me suis trompée; je vous remercie de m'avoir éclairée... La leçon est cruelle... mais elle me profitera.

ORDONIO.

Tu l'oublieras, car ce n'est pas ma pensée que je t'ai dite... Je t'aime, tu le sais!..

COSIMA.

Vous jouez une comédie qui me fait pitié!

ORDONIO, avec fureur.

Eh bien! j'aime mieux la haine que le mépris! Et je me lasse à la fin de ce rôle de dupe. Vous ne sortirez pas d'ici!

COSIMA, épouvantée et se serrant contre la porte.

Grand Dieu! j'ai pu aimer un pareil homme!

(On entend frapper à la porte. Cosima, effrayée, revient, et Ordonio la prend dans ses bras.)

ORDONIO.

N'ayez pas peur. Ce sont mes gens.

UNE VOIX derrière le théâtre.

N'importe, je veux le voir.

COSIMA.

Mon mari! c'est la voix de mon mari! Ah! mon protecteur!..

(Elle veut courir vers la porte. Ordonio la retient.)

ORDONIO.

Que faites-vous? Vous voulez donc vous perdre?

COSIMA.

Il vient me sauver!

ORDONIO, prenant son épée qui est sur la table.

Vous voulez donc que je sois forcé de le tuer?

COSIMA, s'arrêtant avec effroi.

Oh! malheureuse que je suis!

ORDONIO, la poussant dans le passage secret.

Par ici, madame!.. Fuyez...

(Il tire le panneau et va ouvrir la porte du fond).

# Scène III.

## ALVISE, ORDONIO.

ALVISE, pendant qu'Ordonio remet précipitamment son épée sur la table.

Vous êtes aussi difficile à aborder qu'un prince!

(Il lui montre un siége et s'assied de l'autre côté de la table.)

ORDONIO.

Que ne vous nommiez-vous, Alvise? Je ne vous aurais pas fait attendre. Vous savez?.. on est chez soi, on travaille, on s'enferme...

ALVISE.

Oui! sans doute... On travaille, on sert l'état ou le prince... on est puissant!.. on est rare!..

ORDONIO.

Il est vrai que, depuis bien des jours, je n'ai pu aller chez vous! (A part.) Le bonhomme se déciderait-il enfin à être jaloux?

ALVISE.

Etes-vous disposé à me prêter un peu d'attention?

ORDONIO.

Je suis à vos ordres.

(Il lui montre un siége, et s'assied de l'autre côté de la table.)

ALVISE.

Vous m'avez sauvé la vie. L'honneur vous prescrivait de ne pas me laisser condamner, quand vous étiez la preuve vivante de mon innocence, et que vous n'aviez qu'à vous montrer pour la proclamer.

ORDONIO.

Je ne prétendis jamais à aucune gratitude de votre part.

ALVISE.

Mais moi, je me fis un devoir d'être reconnaissant; car il y a manière de faire les choses, et vous fûtes, en cette occasion, animé d'un zèle qui vous gagna mon estime et celle de ma famille.

ORDONIO.

Allons donc! mon cher Alvise... j'ai été trop payé de mes soins, et si je puis vous prouver encore combien je vous suis dévoué... (A part.) Je gage qu'il a de mauvaises affaires!.. Je serai sa caution; c'est l'usage!..

Grand merci ! Vous avez été payé de vos soins par notre amitié à tous ; mais, comme un usurier, vous préten-diez à un paiement disproportionné, impossible !... Vous ne l'avez pas obtenu. (Ordonio fait un brusque mouvement de surprise.) Soyons calme, je ne suis pas jaloux et surtout je ne feins pas une jalousie que je n'éprouve point, et que je sais n'être pas fondée... Vous n'avez pas porté atteinte à mon honneur, je le sais, car je sais tout !

(Ordonio s'agite sur sa chaise.)

ORDONIO.

De grâce, abrégeons !

ALVISE.

De grâce, contenez-vous, nous sommes ici pour nous expliquer... Dès le principe, je n'ignorais pas les démar-ches que vous aviez faites pour nouer une intrigue dans ma maison, et lorsque vous fîtes d'ardents efforts pour me tirer de prison, le chanoine, oncle de ma femme, vous fit sentir que je repousserais votre dévouement. Mais vous, alors, avec un air de franchise et de lo-yauté que vous possédez, vous autres grands seigneurs, vous fîtes un récit étrange auquel vous sûtes donner toutes les apparences de la vérité. Vous n'eûtes pas honte de tromper un homme qui eût crû la mé-fiance indigne de lui, tant il croyait le mensonge in-digne de vous. Vous fûtes assez habile, assez froide-ment fourbe, pour lui persuader que vous n'aviez jamais eu de pensées contraires à mon repos et à l'honneur de ma famille. Vous fûtes si persuasif, que le bon prêtre vint avec vous me trouver dans mon cachot pour vous aider à lever tous mes doutes. Nous échangeâmes peu de paroles... le sujet n'en comportait guère... mais nous nous entendîmes à demi mot. Vous mîtes votre main dans la mienne. Vous jurâtes par le nom de vos ancêtres et par l'épée qu'ils vous ont transmise... Nous autres gens obscurs, sans aïeux, sans gloire, on nous habitue dès l'enfance à tenir pour sacrée la parole des nobles ; je crus à la vôtre, et je vous aimai parce que... parce que j'ai besoin d'aimer, moi !

ORDONIO, voulant se lever.

Il suffit, je vous entends... Vous croyez que depuis lors...

ALVISE.

Je ne crois rien, je ne vous ai rien dit encore.

ORDONIO, se rasseyant.

Allons donc !

ALVISE.

Trois mois se passèrent. Tout semblait heureux autour de moi ; vous paraissiez heureux vous-même d'avoir trouvé, sous un humble toit, une famille d'honnêtes gens qui vous faisait l'honneur de vous traiter en égal. Des affaires d'honneur, et non pas d'intérêt, messire (car pour gagner un peu d'or je n'eusse pas quitté les objets de mon affection, croyez-le bien), m'appelèrent au loin. Je pensai bien que mon absence ne serait pas sans danger ; mais je ne voulus pas exposer aux fatigues du voyage et aux périls de la mer une personne que j'aime plus que mon repos, plus que ma vie !... Au bout de trois autres mois, je revins. Vous vous trouviez ce soir-là en visite à ma maison de campagne... Je venais de traverser mon parc, j'allais franchir le seuil de ma demeure... Il y avait dans l'obscurité... sous les marronniers de la terrasse... près d'un banc, deux personnes qui parlaient vivement... l'une qui menaçait et pressait... l'autre qui se refusait et se défendait... Je vis tout, j'entendis tout!...

ORDONIO.

C'en est assez, messire ! Il m'importe maintenant, non de me justifier, mais de disculper la personne....

ALVISE.

Épargnez-vous cette peine, elle n'en a pas besoin. Je vous ai dit que je savais tout. J'en sais plus que vous-même, car vous vous croyez aimé, et vous ne l'êtes pas.

ORDONIO, avec une modestie ironique.

Dieu me préserve de croire...

ALVISE.

N'invoquez pas le ciel. Vous avez perdu le droit de faire un serment. Je vous dis, moi, que vous n'êtes pas aimé, car vous estimer est maintenant impossible. Une grande bonté de cœur, un rêve de jeunesse, un peu de vanité peut-être, ont troublé un instant la conscience la plus pure qui fut jamais; mais, depuis ces derniers temps, vous avez jeté le masque, et vous vous êtes montré trop injuste, trop cruel, trop lâche pour qu'on ne vous méprise pas au fond du cœur. (Arrêtant Ordonio qui met la main sur son épée restée en travers sur la table.) Oh! soyez tranquille! je soutiendrai tout ce que j'avance, mais je veux tout dire, et il faut bien que vous l'entendiez, c'est votre devoir et le mien.

ORDONIO, à part.

Que ces bourgeois sont pédants! Faut-il donc tant de préambules pour se battre !

ALVISE.

Il m'importe de vous dire pourquoi, au lieu de vous

châtier sur-le-champ, j'ai dissimulé à mon tour en vous faisant le même accueil qu'auparavant. Le chanoine de Sainte-Croix m'eût voulu plus sévère; disciple de l'Évangile, il n'avait qu'un but, c'était de vous éloigner afin d'empêcher ce qui arrive aujourd'hui. Mais moi, je voulais lire la vérité au fond des cœurs. Je ne pouvais pas renoncer à ma vengeance par religion; j'y aurais renoncé peut-être par amour. Si vous eussiez été aimé (si vous eussiez été digne de l'être), j'ignore ce que j'aurais fait!... je me serais éloigné.... je me serais peut-être ôté la vie.... Car je sens dans mon âme une si grande pitié pour ceux qui souffrent , une telle impuissance à faire souffrir, qu'en toutes choses j'aimerais mieux être la victime que le bourreau. Aussi votre conduite me met à l'aise maintenant, et je puis sans remords châtier un menteur et un misérable! Car depuis deux mois vous avez fait couler bien des larmes précieuses.... Je ne parle pas des miennes, je les ai dévorées, et mes cheveux ont blanchi en quelques nuits sans qu'on y prît garde; mais je parle d'un noble cœur que vous faites saigner, d'un orgueil légitime et sacré que vous mettez à la torture, d'une vertu qui est au dessus de vos attaques et que vous voulez flétrir.. Vous voyez bien que je sais tout!... Je sais que, pour jeter le trouble dans des pensées chastes, vous avez accusé mon meilleur ami, le plus noble, le plus pur de tous les hommes, d'être aussi perfide, aussi corrompu que vous. Je sais enfin que vous êtes devenu un fléau pour l'âme crédule et généreuse qui voulait toujours vous pardonner et qui espérait vous convertir; et maintenant voilà que cette âme infortunée n'ose implorer la protection d'aucun des amis que le ciel a placés autour d'elle, et que, craignant d'attirer de nouveaux désastres sur sa famille, elle ne se confie plus ni à son frère Néri, ni à son oncle le prêtre, ni à moi, son plus fidèle, son plus sûr ami!... Mais sachez bien, vous, que cette victime de votre perversité n'est abandonnée ni du ciel, ni des hommes, et qu'il n'est pas si facile de briser un pauvre cœur sous l'œil de la Providence! Vous m'entendez maintenant. Il faut que la faiblesse soit protégée, il faut que l'insolence soit punie!...

ORDONIO.

Et il faut que l'injure soit vengée. Je vous ai écouté avec patience, ce me semble, et, en tout ce qui m'est personnel, ce n'est point avec des paroles que je prétends vous répondre. Mais il m'importe, je le répète, de justifier la signora Cosima....

ALVISE, avec force.

Taisez-vous! ne prononcez pas un nom que je me suis abstenu de confier aux murailles de cette chambre! Vos laquais l'ont peut-être entendu!...

( On entend remuer dans le passage secret. Ordonio réprime un mouvement d'inquiétude).

ORDONIO, à part.

Serait-elle encore là? (Haut.) Veuillez donc me suivre dans un appartement plus retiré. On exerce dans ce temps-ci contre les duels une police si sévère, qu'il n'est pas trop de précautions à prendre pour se concerter... La moindre imprudence pourrait rendre notre rencontre impossible.

(Il l'emmène par la porte du fond.)

# Scène IV.

COSIMA, seule.

COSIMA, sortant du passage secret et tombant sur une chaise.

Alvise! O Alvise! homme généreux, cœur sublime, tu

vas verser ton sang pour moi, pour moi indigne qui n'ai
su ni te deviner, ni te mériter ! Tu vas offrir ta poitrine
aux coups d'un ennemi sans religion et sans entrailles,
qui ne reculera pas devant le meurtre du mari après
avoir brisé le cœur de la femme !... J'empêcherai ce combat. Je m'attacherai à ses genoux !....

(Elle se relève, et marche avec agitation vers la porte du fond. Ordonio en sort,
entre sur la scène, et referme vivement la porte au verrou.)


# Scène V.

### ORDONIO, COSIMA.


ORDONIO.

Vous n'êtes pas partie ?


COSIMA.

Je ne partirai pas que vous ne m'ayez promis... juré
de renoncer à vous battre....


ORDONIO.

Votre mari est là, il peut vous entendre....


COSIMA.

Il est là ! il vous attend !.. Vous allez vous battre
à l'instant même !...


ORDONIO.

Non, pas encore ! le jour n'est même pas fixé.


COSIMA.

Où allez-vous donc ensemble ? Vous prenez votre manteau.... Vous sortez ?

ORDONIO.

Nous allons seulement fixer le lieu du rendez-vous. Il nous faut chercher un endroit si retiré, que l'espionnage ne puisse nous y devancer...

COSIMA, se mettant entre lui et la porte.

Vous n'irez pas.

ORDONIO.

Madame, votre mari vous entend.

COSIMA.

Il m'entendra, je le fléchirai, lui !

ORDONIO.

Et que pensera-t-il de votre présence ici? Il croit tellement à votre innocence! Voulez-vous, à la veille de le quitter pour toujours peut-être, lui ôter la seule joie qui lui reste?

COSIMA.

Oh !.. toutes vos paroles sont atroces!

ORDONIO, voulant l'attirer vers le passage secret.

Fuyez donc! et si vous voulez absolument lui parler, vous le ferez ce soir, chez vous.

COSIMA, avec angoisse.

Il n'y sera pas! Il n'y sera plus jamais!... Vous allez vous battre avec lui!

ORDONIO.

Voulez-vous que je vous donne une preuve du contraire? Vous pouvez encore empêcher ce combat. Oui, pour toi, je puis accepter le déshonneur. Fuir avec toi et

même sans toi, pourvu qu'il soit un jour, une heure où tu
ne me repousseras pas !

COSIMA, avec force.

Est-ce à moi que vous dites cela ?

ORDONIO.

Vous refusez !...

COSIMA, voulant courir vers la porte du fond.

Alvise ! (Sa voix est étouffée.) Alvise !
(Elle lutte contre Ordonio qui la retient, et tombe évanouie.)

ORDONIO.

Cosima ! Revenez à vous, Cosima ! Ah ! que faire !
(Il la dépose sur le sofa.) Elle ne m'entend pas. (On frappe à la porte du
fond). Cosima !... Votre mari !... (Très haut et s'approchant de la porte
du fond). Ayez patience, de grâce ! (Se rapprochant de Cosima.)
Comment la laisser ainsi ? (On frappe encore.) Ah ! (Arrangeant Cosima sur le sofa pour qu'elle ne tombe pas). Je ne puis pourtant pas
laisser enfoncer la porte ! (Il marche vers la porte en élevant la voix.)
Je suis à vous, messire.

(Il sort et on l'entend refermer la porte en dehors.)

# Scène VI.

COSIMA, *puis* LE DUC.

COSIMA, évanouie, revient peu à peu à elle, et regarde autour d'elle d'abord avec
étonnement, puis avec effroi.

Seule ? (Elle se lève.) Oh ! Alvise !... (Secouant la porte du fond.)
Fermée ! (Elle essaie d'ouvrir le panneau de boiserie par lequel elle est entrée.)
Je ne sais pas ouvrir ces portes mystérieuses ! Enfermée
8

ici! Mais c'est horrible! Et Alvise!... Au secours! Mon Dieu! Quelqu'un ici!.. Personne ne viendra donc à mon secours!.. (On entend remuer le panneau de boiserie qui fait face à celui par lequel Cosima est entrée.) Ah! du bruit ici!.. Voici quelqu'un! (Elle court vers le panneau.) Délivrez-moi.... Ouvrez-moi....

(Un homme enveloppé d'un manteau ouvre le panneau.)

COSIMA.

Ah! qui que vous soyez... merci!... Laissez-moi partir!

LE DUC.

Qu'est-ce donc? Pourquoi ces cris? ce désordre? cette beauté échevelée? Ce n'est pas vous que je comptais trouver ici, madame; je ne vous connais pas.

COSIMA.

Ni moi non plus! je ne vous connais pas... Ne me retenez pas... Je veux fuir cette maison!... (Regardant le duc qui la retient en souriant.) Ah! si! si!... je vous connais... je vous ai vu déjà!... (Passant la main sur son front et s'écriant.) Ah! monseigneur le duc!

LE DUC.

Qui êtes-vous donc, madame?

COSIMA, se met aux genoux du duc, qui veut en vain l'en empêcher.

Monseigneur, je m'appelle Cosima Valentini, et je suis la femme d'Alvise Petruccio, un des plus estimables bourgeois de votre ville de Florence.

LE DUC.

Je connais votre mari, c'est un digne citoyen. Relevez-vous, madame!

COSIMA.

Non, monseigneur! je ne me relèverai pas que vous ne

m'ayez promis assistance et protection. Vous êtes le maître ici, et vous aimez la justice; vous me protégerez, n'est-ce pas, monseigneur?

LE DUC.

Mais contre qui donc, madame?

COSIMA.

Contre un homme qui m'outrage.

LE DUC.

Est-il un homme capable d'outrager une femme telle que vous?

COSIMA.

Vous savez bien, monseigneur, qu'il est des hommes qui nous implorent sans nous aimer; des hommes qui ne voient en nous, si nous sommes belles, que le plaisir de nous égarer, et si nous sommes sages, que la gloire de nous vaincre. Des hommes qui nous méprisent si nous leur cédons, et qui nous haïssent si nous ne leur cédons pas! Il n'y a pas longtemps que je sais que de tels hommes existent!

LE DUC, avec gravité.

J'ai rencontré de ces hommes-là, et je les méprise! Je les ai toujours traités avec rigueur. Si je croyais en avoir un seul auprès de moi!...

COSIMA.

Eh bien! monseigneur, que feriez-vous?

LE DUC.

Je lui retirerais mon estime et je l'éloignerais de ma personne.

COSIMA.

Et si un tel homme, forcé d'accepter le défi d'un époux généreux qui veut sauver et non punir sa femme; si cet homme, brave sans doute, et faisant parade en public de la plus exquise loyauté, venait dire à la femme consternée, lorsqu'à genoux et toute en larmes, elle le supplie, lui, exercé aux nobles arts de la guerre, d'éviter une rencontre avec ce mari voué aux travaux paisibles, et qui de sa vie n'a manié une épée... Ma bouche se refuse à répéter ce qu'il est venu lui dire !

LE DUC, la relevant.

Dites-le, madame, je veux savoir la vérité.

COSIMA.

Eh bien! s'il avait voulu vendre à cette femme la vie de son mari au prix de son honneur à elle; s'il lui avait dit : Ce que mes prières n'ont pas obtenu, il faut que vous l'accordiez à mes menaces; soyez à moi, ou je tue votre ami, votre protecteur, votre époux...

LE DUC, se levant.

Ce serait le fait d'un infâme et d'un lâche.

COSIMA, se levant aussi.

Et que feriez-vous de lui, monseigneur?

LE DUC.

Si j'étais son souverain, j'appellerais sur sa tête la sévérité des lois; si j'étais son ami, je l'arracherais de mon cœur; si j'étais son hôte, je le chasserais de ma maison.

COSIMA.

Eh bien! monseigneur, bannissez-le de vos états à l'instant même. Voilà ce que je réclame de votre pitié comme de votre justice. Sauvez la vie de mon époux en prévenant ce duel. Sauvez la mienne aussi; car si, pour l'empêcher, je dois appartenir à celui qui me hait et me méprise, j'en

fais le serment devant vous, monseigneur, je ne survivrai
pas à la honte!

LE DUC.

Mais quel est donc ce misérable? (A part.) Ce ne peut être
Ordonio!

COSIMA.

C'est votre ami, votre confident, monseigneur, c'est le
noble Ordonio Éliséi.

LE DUC.

Ordonio! lui! je ne puis le croire! Il m'a dit qu'il vous
aimait!

COSIMA.

Il n'a pour moi que de la haine.

LE DUC.

C'est impossible! Quelle en serait donc la cause?

COSIMA.

Ma sagesse qu'il appelle orgueil, ma religion qu'il
appelle hypocrisie, mon amour conjugal qu'il appelle
lâcheté, ma chasteté qu'il appelle égoïsme.

LE DUC.

Pour un homme qui aime, ce sont là des causes de
désespoir, et non de haine. Si tout ce que vous m'avez dit
est vrai, devant Dieu, madame, je fais le serment de vous
défendre, non de vous venger! Ordonio est Vénitien, et
je n'ai pas de droits sur lui.

COSIMA.

Me venger! Eh! monseigneur, croyez-vous que j'eusse
été me prosterner à Venise devant le grand-inquisiteur
pour lui demander la tête d'Ordonio? Mais ici, (Elle se remet à genoux.) je suis aux genoux d'un prince dont la main
est ouverte à la justice, et le cœur à la clémence.

LE DUC, ému.

Cosima, vos paroles ont été au fond de ce cœur un peu jeune, un peu léger même, mais incapable d'outrager la faiblesse et d'avilir la beauté. Je ne me sens que trop porté à vous plaindre... à vous admirer peut-être !... Cependant j'ai eu longtemps de l'affection et de l'estime pour Ordonio, et il m'est impossible de le condamner sur votre simple accusation. Il faut donc que je m'éclaire avant d'agir. — Levez-vous !

COSIMA.

Encore une fois, je ne me relèverai pas que votre altesse ne m'ait promis de prendre des mesures à l'instant même contre ce duel... Le duel, monseigneur ! Il sont sortis ensemble pour se concerter... Ce soir peut-être... Ah ! qui sait !... Je n'ai pu courir, me jeter entre eux... Il m'a repoussée avec violence, il m'a enfermée ici...

LE DUC, la relevant.

Ces portes s'ouvrent devant moi, et devant une personne dont Ordonio seul connaît le nom. Mais croyez bien qu'aucune considération ne m'empêchera de vous faire justice. — Allons ! La nuit est venue ; je vais vous reconduire chez vous.

COSIMA.

Moi, monseigneur ?

LE DUC.

Je ne souffrirai pas qu'une femme comme vous aille seule la nuit par les rues, quand je puis lui servir de cavalier. Ce manteau cache mon visage... Baissez votre voile, madame.

(Il s'enveloppe, lui offre la main, et sort avec elle par le passage secret de gauche).


FIN DU QUATRIÈME ACTE.

# ACTE CINQUIÈME.

# ACTE CINQUIÈME.

La maison d'Alvise. — Décor des 1er et 2e actes.

## Scène première.

COSIMA, ALVISE, LE CHANOINE, FARGANACCIO, PASCALINA

Cosima est assise, morne et abattue, auprès de la cheminée. Farganaccio est debout auprès d'elle. Alvise et le chanoine jouent aux échecs devant une table. Pascalina est à la fenêtre.

LE CHANOINE.

Mais si vous laissez là votre cavalier, vous êtes mat dans un instant. Vous n'êtes pas à votre jeu, mon cher Alvise.

ALVISE.

Il est vrai, je suis fort distrait aujourd'hui. Eh bien! vous êtes échec à votre tour, mon révérend!

FARGANACCIO.

Est-ce que vous n'êtes pas tentée de venir voir les illuminations, belle dame? la fête sera magnifique.

COSIMA.

La fête! Est-ce qu'il y a une fête?

FARGANACCIO.

Ni plus ni moins que la fête de notre duc! Oh! c'est un beau jour pour tout Florence, car c'est un aimable prince! Il y a grand bal à la cour ce soir et des réjouissances dans toute la ville.

ALVISE, avec intention, à sa femme.

Vous ne saviez pas cela, Cosima? C'est vous qui êtes bien distraite ce soir!... Il me semblait que vous étiez sortie tantôt?

COSIMA.

Moi?

ALVISE.

Deux fois...

COSIMA.

Je... je ne crois pas... être sortie plus d'une fois.

ALVISE.

Deux fois, vous dis-je.

LE CHANOINE.

Qu'importe? Songez donc à votre jeu!

ALVISE.

Vous aurez été à l'église?

PASCALINA.

Certainement, j'y ai accompagné madame.

ALVISE.

Qui vous interroge, Pascalina?

FARGANACCIO, riant et se rapprochant du jeu.

Depuis quand Alvise fait-il le jaloux?...

ALVISE, frappant sur la table.

Jaloux! jaloux!... à quel propos dites-vous cela?

FARGANACCIO.

Si vous le prenez ainsi... Oh! oh! votre mari est bien tragique ce soir, madame.

ALVISE.

Et vous bien facétieux, en vérité!

FARGANACCIO.

Allons! il paraît que votre jeu va mal, mon cher Alvise... je ne dirai plus rien.

(Pendant ce temps une lettre est tombée de la fenêtre aux pieds de Pascalina, qui l'a ramassée furtivement, et s'est rapprochée de Cosima.)

PASCALINA, à Cosima.

Madame, il est là. Il attend la réponse.

COSIMA.

Puis-je donc répondre?... qu'il attende !

(Pascalina se rapproche de la fenêtre.)

ALVISE.

Mat!... vous êtes mat, mon révérend.

LE CHANOINE.

Sur l'honneur, je ne m'y serais pas attendu... A voir comme vous conduisiez votre jeu, je croyais bien que je gagnerais cette partie.

ALVISE, se levant.

Il y a bien des choses auxquelles on ne s'attend pas et qui arrivent pourtant. Il y a bien des parties qui semblent gagnées... et qui ne le sont pas encore.

LE CHANOINE.

Voulez-vous me donner ma revanche ?

ALVISE.

Demain, mon cher oncle ; ce soir, je suis obligé de sortir.

COSIMA, se levant avec agitation.

Sortir! Et où donc voulez-vous aller?

FARGANACCIO.

Voir la fête sans doute ; mais j'espère que vous allez emmener votre femme.

ALVISE.

Nullement. Il ne sied pas à une femme comme elle de courir les rues un jour de fête publique. ( A Pascalina.) Que faites-vous donc là? fermez cette fenêtre et laissez-nous!

PASCALINA, en sortant, dit à Cosima.

Il est là, signora; il attendra.

FARGANACCIO, au chanoine.

Il est de bien mauvaise humeur ce soir, je ne l'ai jamais vu ainsi !... ( A part.) On dirait qu'un orage domestique est dans l'air... Je me retire. ( Haut. ) Bonsoir, Alvise... Je vous baise les mains, belle dame!...

(Il sort.)

# Scène II.

COSIMA, LE CHANOINE, ALVISE.

COSIMA, tremblante.

Mais vous ne sortirez pas !...

ALVISE.

Et qui donc m'en empêchera?

COSIMA.

Moi, mon ami... Je vous conjure de ne point sortir. Dans ces jours de tumulte il arrive mille accidents. Non, vous ne me causerez pas cette inquiétude.

ALVISE.

C'est la première fois que je vous vois prendre tant de souci à propos de rien.

COSIMA.

C'est la première fois que je vous vois courir avec tant d'empressement à une fête.

ALVISE.

Il ne s'agit pas de fête ici, Cosima; des affaires sérieuses me réclame.

COSIMA.

Toutes les affaires sont suspendues aujourd'hui.

ALVISE.

Qu'en savez-vous? Laissez-moi, vous dis-je.

COSIMA.

Eh bien! emmenez-moi avec vous.

ALVISE.

Je vous ai déjà dit que cela ne se peut pas.

COSIMA

Vous ne m'avez jamais rien refusé, Alvise... J'irai avec vous.

ALVISE, s'arrêtant et la regardant fixement.

Oh! voici qui est étrange, madame!..

LE CHANOINE, qui les a observés.

Mes enfants, il se passe entre vous quelque chose d'étrange en effet! J'en veux savoir la cause. (Il se place entre eux, et leur prend la main à l'un et à l'autre.) Alvise, Cosima, vous n'eûtes jamais de secrets pour moi; vous me devez la confidence de vos peines secrètes. Allons, mes enfants, ouvrez-moi votre cœur; je sais combien vous vous aimez, combien vous vous respectez mutuellement; et lorsqu'un nuage obscurcit la paix de votre union, c'est à moi de le dissiper... Voyons, d'où vient cette agitation... cette pâleur de ma nièce... la vôtre, Alvise?

COSIMA, se jetant dans ses bras.

Mon père, empêchez-le de sortir ce soir.

ALVISE, se dégageant de la main du chanoine.

Mon père, je dois sortir, et je sortirai. Restez ici,
vous; vous avez sans doute une confession à entendre.
(Avec amertume.) L'effroi que montre madame me prouve
assez que vous ne connaissez pas bien les secrets de sa
conscience.

COSIMA.

Eh bien! oui, j'ai une confession à faire, mais je la ferai
devant vous, Alvise, et vous resterez pour l'entendre.

(Elle se jette à genoux).

ALVISE, vivement et la relevant.

Non, Cosima! je ne veux rien entendre. Pardonnez-
moi un instant d'amertume. Tu n'as rien à confesser; je
n'ai aucun reproche à te faire. Tais-toi... oh! tais-toi...
Mon père, ne lui demandez rien. C'est une âme pure!..
une âme généreuse... Elle souffre, et voilà tout!

COSIMA, pleurant et baisant ses mains.

Oh! Alvise!..

ALVISE, à part, levant les yeux au ciel.

Et moi aussi, je souffre... mais je l'aime.... (Haut.) Allons,
rassure-toi. Je suis tranquille. Je reviendrai dans une
heure. (Cosima s'attache à lui.) Eh bien! qu'y a-t-il donc? Pourquoi donc voulez-vous m'empêcher de sortir? Encore une
fois, madame, je ne vous comprends pas.

COSIMA.

Je sais tout! Vous allez vous battre!

LE CHANOINE.

Vous battre, grand Dieu!

COSIMA.

Oui, oui, mon oncle! il va se battre. Vous le savez

maintenant... c'est à vous de l'en empêcher... Oh ! vous l'empêcherez !

(Le chanoine saisit le bras d'Alvise, qui se dégage pour revenir vers Cosima.)

ALVISE.

Mais qui donc vous a si bien informée, madame ?.. Je ne vous ai pas perdue de vue de la soirée.

COSIMA.

Qu'importe? je le sais!.. Je m'exposerai à votre juste colère, plutôt que de vous laisser partir... Oh! méprisez-moi, haïssez-moi!.. mais n'exposez pas votre vie pour moi!.. Oh! je ne le mérite pas!

ALVISE.

Mais je veux savoir, moi, pourquoi vous dites que je vais me battre... Y a-t-il donc un démon familier qui remplit de délations et de parjures l'air que je respire?

LE CHANOINE.

On vous a trompée, Cosima. Votre imagination vous suggère de folles terreurs. Alvise n'eut pas les projets que vous supposez. Il ne les aura jamais.... Restez, ma fille. Je sors avec lui. Ma présence à ses côtés doit dissiper toutes vos craintes.

COSIMA.

Non, non, il vous échappera... on l'attend, j'en suis sûre.

ALVISE.

On vous a fait un lâche mensonge, madame!..

COSIMA, éperdue.

Non! j'étais là... j'étais chez Ordonio, aujourd'hui, quand vous y êtes venu.... Vous voyez bien que je suis indigne de votre colère, et que toute votre vengeance doit être l'abandon et le mépris!....　　　　　(Elle tombe à genoux.)

ALVISE, atterré.

Vous étiez là.... Mon père, vous l'entendez. Elle a été
chez lui, elle était chez lui, elle était enfermée avec lui...
cachée, enfermée avec Ordonio Éliséi! — O mon Dieu! je te
prends à témoin! Je ne suis pas un homme de sang. Jamais je n'avais senti la haine, jamais je n'avais fait un
serment impie, jamais je n'avais souhaité la perte de mon
semblable !... Et j'aimais cette femme, je la respectais encore! Je voulais venger son honneur outragé, mais je ne
voulais pas la faire souffrir! Je lui pardonnais dans mon
cœur. J'aurais lavé mes mains de ce sang impur, et jamais
elle n'aurait su que je l'avais versé pour elle. Je sentais
pour elle, dans mon cœur, des trésors de miséricorde infinis
comme les tiens, ô mon Dieu! mais cette dernière trahison
ferme mon âme à tout pardon et à toute pitié. O lâche
séducteur! tu payeras cher la honte et le désespoir de tes
victimes! (A Cosima.) Rentrez dans votre appartement, madame, et restez-y si vous ne voulez pas que je me devienne
odieux à moi-même en vous y contraignant.

(Cosima, atterrée, recule devant lui peu à peu. Il la pousse dans sa chambre
et l'enferme.)

# Scène III.

## LE CHANOINE, ALVISE.

LE CHANOINE.

Je m'attache à vos pas, Alvise. Vous n'irez pas exposer
une vie honorable et précieuse aux coups d'un suborneur
et d'un lâche.

ALVISE.

Oh! laissez-moi, mon père... j'ai été assez longtemps
sans pitié pour moi-même; maintenant, plus de pitié pour

les autres!... Nul pouvoir humain ne peut me retenir ici un instant de plus.

LE CHANOINE.

Eh bien! sortons ensemble; moi je ne vous quitte pas.

# Scène IV.

LE DUC, ALVISE, LE CHANOINE.

LE DUC.

Arrêtez, messire Alvise; vous vouliez sortir; moi, je vous le défends.

ALVISE.

Vous me le défendez, monseigneur!

LE DUC.

Vous renoncerez à vous battre avec Ordonio Éliséi. Comme votre ami, je vous en prie; comme votre souverain, je vous l'ordonne.

ALVISE.

Eh bien! moi, monseigneur, comme votre sujet fidèle, je vous demande à genoux de révoquer cette défense. Mais si vous persistez... comme homme d'honneur, comme libre citoyen, je m'en affranchis. Oh! vous comptez trop sur le respect que votre nom inspire, monseigneur, si vous croyez pouvoir imposer silence à la dignité humaine outragée en nous par l'impudence de vos courtisans. Il ne sera pas dit que les grands viendront porter la douleur et l'opprobre dans nos familles, sans que nous nous fassions justice! Demain, monseigneur, je me constituerai votre prisonnier, et j'offrirai ma tête au bourreau si vous le

9

voulez; mais aujourd'hui je serai un sujet rebelle et j'encourrai votre colère.

LE DUC.

J'excuse votre emportement, messire; je sais ce que vous avez souffert, je sais le crime de votre ennemi. Je ne viens pas vous demander grâce pour lui. Je viens, au contraire, remettre son sort entre vos mains; mais il ne s'agit pas seulement ici de punir l'offense, il s'agit de réhabiliter la vertu. C'est à moi que votre femme est venue demander protection, et c'est moi qui viens rendre, à elle votre estime, à vous sa confiance. Mais il importe à mes desseins que ma présence ici soit un mystère... Suivez-moi dans l'appartement voisin... (Cherchant des yeux et désignant la portière du fond.) derrière ce rideau!... Quelqu'un, si je suis bien informé, va s'introduire ici. Je veux être témoin sans être vu. (Alvise hésite.) Vous doutez de ma parole, messire?

LE CHANOINE.

Obéissez, Alvise. C'est la Providence qui vous envoie ici, monseigneur.

# Scène V.

ORDONIO, puis COSIMA.

ORDONIO, monte par la fenêtre.

C'est bien! Voici un plaisant tour, et dont le duc rira bien quand je le lui raconterai. Et ce bon Alvise, qui va m'attendre au bord de l'Arno! Heureusement, il est homme à prendre patience une heure ou deux, lui qui a su jusqu'à aujourd'hui différer sa vengeance. Voyons! ai-je bien lu ce billet tombé tout à l'heure à mes pieds? (Lisant.) « Fuir avec elle... à l'instant même, quitter Florence pour toujours... » Oh! ce n'est pas ainsi que je l'entends, moi!

Je ne prétends pas quitter cette belle contrée et cette joyeuse cour sans avoir fait payer cher à messire Alvise ses étranges emportements à mon égard... Allons!... Mais est-ce bien ici?... Ce billet était lancé de la fenêtre de sa chambre... Oui, oui, c'est bien ici. (Il approche de la porte de Cosima; puis s'arrête, pour jeter un coup d'œil autour de lui.) Mais il y a quelques précautions à prendre. Le temps a des ailes. (Il avance l'aiguille de la pendule avec la pointe de son épée.) Je ne dois pas oublier qu'Alvise attend, et je ne veux pas qu'on me retienne ici plus qu'il ne faut. (Il ouvre la chambre de Cosima.) Vous êtes libre, belle captive, et votre libérateur se prosterne devant vous.

(Il met un genou en terre.)

COSIMA.

Alvise est parti, n'est-ce pas?

ORDONIO.

Il doit être déjà au rendez-vous. Mais puisque vous voulez que votre esclave oublie à vos genoux les serments de l'honneur, il fera à l'amour le plus grand sacrifice qu'un homme puisse faire. Oh! comprenez donc enfin combien je vous aime!

COSIMA.

Vous avez lu mon billet? Vous en acceptez les conditions?

ORDONIO.

Ne suis-je pas ici?

COSIMA.

Mais êtes-vous prêt à fuir avec moi? à quitter Florence sur-le-champ? Vos mesures sont-elles prises? Vous n'êtes pas en habit de voyage. Vous me trompez, Ordonio!

ORDONIO.

Peux-tu le croire?... J'ai été forcé de paraître au bal chez le prince; mais tout est prévu. Des chevaux nous attendent dans la cour de mon palais. Viens!

9.

COSIMA.

Chez vous! Et si mon mari venait nous y surprendre?
S'il était averti de notre fuite?

ORDONIO.

Comment le serait-il? Il m'attend à une des portes de
la ville, et nous allons fuir par la porte opposée. Allons,
ma bien-aimée; que l'amour te donne du courage.

COSIMA, à part, s'éloignant de lui d'un pas, et tirant à la dérobée de sa ceinture<br>un flacon d'or qu'elle garde dans sa main jusqu'à la fin de la scène.

L'amour! il parle d'amour en ce lieu, en cet instant!
Et ce duc qui devait me protéger!... Il faudra donc
mourir!...

ORDONIO

L'heure s'écoule, minuit approche. (A part.) Alvise, ne me
voyant pas arriver, peut revenir ici... (Haut, avec impatience.)
Partons donc, au nom du ciel!

COSIMA.

Vos prières ressemblent à des ordres.

ORDONIO.

Toujours de l'orgueil! Le tien n'est-il pas assouvi,
Cosima? Ne suis-je pas arrivé à ce que tu voulais faire de
moi, un enfant, un jouet, un homme sans tête et sans
cœur? Que te faut-il encore? Ne suis-je pas ici à t'implorer,
tandis que là-bas ton mari s'impatiente et que chaque instant passé près de toi me déshonore à ses yeux?

COSIMA.

Vous ne m'avez jamais aimée!

ORDONIO.

Moi!... je ne t'aime pas!

COSIMA.

Oh! si vous m'aimiez, vous renonceriez à ce duel. Vous

partiriez sans moi. Au lieu de m'imposer de honteuses
conditions, au lieu de me forcer à déshonorer le nom d'Alvise et à briser son cœur par le scandale de cette fuite,
vous iriez attendre loin de moi que le temps eût effacé
vos ressentiments. Alvise finirait par comprendre qu'il y
a là un plus grand courage que celui de se battre. Vous
seriez consolé de cette séparation par ma reconnaissance,
par mon respect!... Oh! je te vénérerais comme un ange,
si tu agissais ainsi!

ORDONIO.

Tu me le dis avec ce regard humide, avec ce divin
sourire... et tu veux que je t'écoute! Que tu es belle ainsi!...
Cette pâleur...

COSIMA.

Ne me touchez pas!

ORDONIO, sèchement.

Ah ça! vous me fuyez avec une répugnance... Si c'est
une comédie pour me retenir en me flattant d'un vain
espoir, et me faire manquer, en pure perte, à un rendez-
vous d'honneur, ne comptez pas que je m'y laisse prendre.

(Il va froidement prendre son épée et feint de vouloir sortir.)

COSIMA, hors d'elle-même.

Ne vous contenterez-vous pas de ma soumission? Faudra-
t-il y ajouter la feinte? Mon Dieu! dois-je avoir le sourire
sur les lèvres, quand j'ai la mort dans l'âme?

ORDONIO.

Et lorsque je vous fais horreur, n'est-ce pas? Oh! non,
non! madame, ce n'est pas ainsi que je l'entendais, car au
fond je me croyais aimé.

(Il feint de vouloir sortir encore; elle le retient.)

COSIMA.

Oh! tenez!.. vous l'étiez!.. Vous le savez bien.

ORDONIO.

C'est pour cela que je ne croyais pas mon rôle si odieux
que vous voulez le faire en cet instant !

COSIMA.

Je vous aimais d'un amour si pur!.. Souvenez-vous...
Ayez pitié!..

ORDONIO.

Et mon amour, à moi, vous déshonore!

COSIMA, se mettant à genoux.

Ordonio, vous êtes orgueilleux, vous aimez à commander ; vous voulez que tout cède et ploye sous votre impé-
rieuse volonté... Eh bien! voyez! je m'humilie, je me soumets. Je vous fais arbitre de mon sort... Je vous implore à genoux! Tuez-moi! Un esclave fut-il jamais tenu
de s'abaisser davantage? Soyez généreux. Prenez ma vie,
laissez-moi l'honneur!..

ORDONIO.

Et mon honneur, à moi, madame? Croyez-vous que
votre sang laverait la tache que vous allez y faire? Vous
craignez vos remords, et vous trouvez fort naturel que
pour vous je m'expose au mépris des hommes? Oh! non
pas, non pas! Il n'en sera pas ainsi.

COSIMA, s'attachant à ses genoux.

Rien ne peut-il te fléchir? Au nom de ta mère, au nom
de tes sœurs! au nom de celle qui sera ta femme un jour!
au nom de notre amour passé, qui peut renaître purifié
par l'honneur!...

ORDONIO.

Notre amour s'est changé en haine, madame. C'en est
assez. Oh! je vois bien que votre but est de gagner du

temps. Sachez bien que vous ne m'avez pas joué! L'heure n'est pas passée; j'ai encore le temps de conserver l'estime des hommes et de braver l'astuce des femmes! Vous ne pouvez vous résoudre à être sincère? Vous ne me connaissez pas! ( Elle s'attache à lui. ) Laissez-moi!.. votre mari attend!

COSIMA, montrant la pendule qui marque une heure du matin.

Il ne vous attend plus! Il est trop tard!

ORDONIO.

Vous vous trompez, madame. Écoutez! cette pendule avance d'une heure.

(L'horloge de la ville sonne minuit dans le lointain.)

COSIMA.

Eh bien!.... ( Elle revient sur le devant du théâtre, avale le poison pré-cipitamment et s'élance vers Ordonio en s'écriant : ) partons maintenant!

(Ordonio l'entraine vers le fond. Aussitôt paraissent le duc, Alvise, Néri, le chanoine, le barigel. Gardes dans le fond.)

# Scène dernière.

## LE DUC, ALVISE, LE CHANOINE, NÉRI,
### LES PRÉCÉDENTS

ALVISE, s'élançant vers Ordonio l'épée à la main.

Infâme! c'est ta dernière heure qui sonne!

(A l'instant même, Néri et les autres personnages se jettent entre eux. Le duc abaisse la pointe de l'épée d'Alvise avec la sienne.)

LE DUC.

Vous êtes bien hardis, messieurs, de tirer l'épée en ma présence! Alvise, est-ce ainsi que vous reconnaissez ma protection et que vous respectez mon droit de grâce ?...

Vous vouliez une satisfaction, il vous l'a donnée ; il voulait vous ôter l'honneur, c'est à vous maintenant de lui laisser la vie.

ORDONIO.

Monseigneur, si votre rang ne vous mettait à l'abri de tout ; si, oubliant que vous êtes prince, vous vouliez vous souvenir que vous êtes chevalier, vous me feriez raison de cette perfidie !

LE DUC.

Rendez grâce à votre qualité d'étranger, qui vous met à l'abri de ma justice ; quant à vous rendre raison, vous ne méritez pas un tel honneur.

ORDONIO, bas au duc.

Peut-être que si nous prenions pour juge le comte des Uberti, il trouverait votre altesse aussi coupable que moi.

LE DUC.

Silence sur votre vie, monsieur ! vous aurez satisfaction.

ORDONIO.

J'y compte.

(Il sort.)

LE DUC, à Cosima.

Madame, pardonnez-moi l'abandon où j'ai paru vous laisser ; je n'ai pas cessé un instant de veiller sur vous, mais je devais connaître la vérité, et l'équité a passé avant la courtoisie.

COSIMA.

Merci, monseigneur, béni soyez-vous ! Mais ce que le sort avait décidé est accompli... il est trop tard pour le réparer... Oh ! Alvise !

LE CHANOINE.

Ma fille, tout est réparé! que tout soit oublié...

ALVISE.

Mais voyez comme elle pâlit!... Cosima!... Qu'as-tu
donc?

COSIMA.

Mon père, absolvez-moi, priez pour moi, j'ai manqué
de confiance en Dieu.

LE CHANOINE.

Malheureuse enfant, achève!

COSIMA.

Je me suis donné la mort... Je ne voulais pas survivre
à la honte... Le poison... Oh! Alvise, je n'espérais pas
mourir entre vos bras !

LE CHANOINE.

Dieu te pardonne, ma fille!

NÉRI, tirant son poignard.

Et moi je vais la venger !

FIN.

# VARIANTES.

# ACTE CINQUIÈME.

L'intérieur d'un kiosque très riche situé au fond des jardins du palais ducal.
— De grandes croisées et une porte vitrée s'ouvrent de plain-pied sur les
jardins. — Dans l'éloignement, on aperçoit le palais ducal illuminé.
— Une petite porte à droite, une autre à gauche.

## Scène première.

### LE DUC, JACOPO.

LE DUC, seul, agite une sonnette d'or placée sur la table. Entre Jacopo.

Mes ordres ont-ils été exécutés ?

JACOPO.

Oui, monseigneur ; l'homme que votre altesse m'a commandé de
faire arrêter est ici.

LE DUC.

Comment vous êtes-vous emparé de lui ?

JACOPO.

Au sortir de ses ateliers, à la nuit close, dans une rue déserte ; personne n'a pu s'en apercevoir : on l'a amené ici couvert d'un capu-
chon.

LE DUC.

Tenez-le dans le pavillon voisin ; traitez-le avec respect, mais ne
le laissez pas sortir, quelques raisons qu'il vous donne, quelque prière
qu'il vous adresse.

JACOPO.

Votre altesse sera obéie.

LE DUC.

Avez-vous porté les lettres que je vous avais remises ?

JACOPO.

Oui, monseigneur. Au coup de minuit, les personnes à qui elles
sont adressées se trouveront ici.

LE DUC.

Vous les tiendrez enfermées dans le pavillon avec messire Alvise,
jusqu'à ce que je les fasse appeler.

JACOPO.

Oui, monseigneur.

LE DUC.

Quelle heure est-il ?

JACOPO, regardant l'heure à une pendule placée sur un socle.

A peine onze heures.

LE DUC.

C'est bien, allez au palais, vous trouverez dans la grande salle de
danse le seigneur Ordonio Eliséi. Vous lui direz que je l'attends ici ;
ensuite, vous irez chercher la dame dont je vous ai parlé, avec les
précautions que je vous ai recommandées.

JACOPO.

Oui, monseigneur.

(Il sort.)

LE DUC, seul.

Non ! je ne pouvais pas m'en rapporter aveuglément à la parole
d'une femme que le dépit et la jalousie égarent peut-être ! je devais
me préserver aussi de la fascination que sa jeunesse et sa beauté
exerçaient déjà sur moi. Insensés que nous sommes ! à quoi tiennent
nos serments et nos résolutions ? Si la comtesse lisait dans mes
pensées en cet instant... allons ! il s'agit de faire le souverain et de
tenter une épreuve... (Souriant.) dans laquelle le cœur du jeune
homme n'est pas non plus tout à fait désintéressé... Quelle folie est
la mienne ! (Il redevient sérieux.) Je travaille à rendre cette jeune femme
à son mari, à ses devoirs, et malgré moi... je souffre en songeant
qu'elle a menti peut-être, et qu'Ordonio ne s'est pas vanté en vain
d'être son amant !.. Lequel des deux me trompe ?.. Il lui a écrit ce
soir, j'en suis certain, et il a reçu d'elle la promesse de venir au
rendez-vous qu'il lui demandait. Y vient-elle de gré ou de force ?
Ordonio, un lâche, un fat, un calomniateur ?.. Ah ! les princes sont

bien malheureux! On porte devant eux le masque du caractère qu'ils aiment, et quand ils ont le dos tourné, on le jette... Ordonio! il m'en coûtera de ne plus croire en toi... et pourtant je tremble que tu ne m'aies dit la vérité!... Allons! l'honneur avant tout!...

# Scène II.

## ORDONIO, LE DUC.

ORDONIO.

Me voici aux ordres de votre altesse.

LE DUC.

Vous m'avez dit tout à l'heure, dans la salle de bal, lorsque je vous demandais où en étaient vos amours avec la femme d'Alvise Pétruccio, que vous aviez cette nuit un rendez-vous avec elle.

ORDONIO, d'un air dégagé.

Cela est vrai, monseigneur. (Prenant un billet dans la poche de son pourpoint.) Ce simple billet en fait foi!

LE DUC, lisant.

« J'irai. » Le style est laconique!

ORDONIO.

C'est une réponse aussi brève et aussi claire que la demande.

LE DUC.

Et la demande... devait sans doute être bien éloquente pour amener ce résultat. Pourriez-vous me redire ce qu'elle contenait?

ORDONIO.

Ah! monseigneur, je n'en ai pas gardé copie, mais je puis aisément me la rappeler, car elle ne renfermait que ces deux mots : « *A minuit ou jamais.*»

LE DUC.

Et à quoi faisait allusion ce *jamais?* Cela ressemble à une menace.

ORDONIO.

C'est celle qu'on fait toujours en pareil cas! C'était lui dire que j'allais me donner la mort si elle ne répondait à ma flamme.

LE DUC.

C'est une menace fort peu effrayante, car on ne la réalise guère. Pour une personne aussi parfaite que vous me l'avez dépeinte, votre belle Cosima fait peu d'honneur à son jugement, de se laisser prendre à une telle moquerie. Vous m'aviez dit qu'elle avait de l'esprit ?

ORDONIO.

Ah ! monseigneur, elle est belle comme un ange ! (A part.) Qu'a-t-il donc ce soir ? Il a la parole brève.

LE DUC, à part.

Aurait-il tant d'assurance si elle était restée pure ?

ORDONIO.

Votre altesse paraît soucieuse et préoccupée ; qu'imaginerai-je pour la distraire ?

LE DUC.

Rien, Ordonio ; je suis seulement un peu embarrassé pour vous dire ce qui m'arrive.

ORDONIO.

Le comte des Uberti aurait-il découvert que sa femme et votre altesse venaient un peu trop souvent chez moi ? Fi le jaloux ! Mais votre altesse ne peut pas le faire taire, et cela me regarde. Je vais lui chercher querelle, et en débarrasser le plus tôt possible sa femme et votre altesse. Justement j'ai une affaire d'honneur cette nuit. Allons, j'en aurai deux !

LE DUC.

Ah ! vous avez un duel cette nuit ?

ORDONIO, d'un ton leste.

Non pas moi, mais un mien ami à qui je sers de second.

LE DUC.

Prenez garde, Ordonio ; les lois sont sévères à cet égard.

ORDONIO.

Plus sévères que votre altesse !

LE DUC, à part.

Son insolence me déplaît ! ( Haut. ) Écoutez, Ordonio. Il ne s'agit point de duel avec le comte. Il s'agit de le tromper encore cette nuit, car j'ai un rendez-vous avec la comtesse, à la même heure que vous , et il faut que ce soit chez vous.

ORDONIO, à part.

Odieuse fantaisie! ( Haut. ) Il faudra donc que je renonce à mon bonheur, car j'ai donné rendez-vous à ma belle chezmoi, et, si je ne m'y trouve pas à l'heure dite, il est à craindre que le confesseur ne l'emporte sur l'amant avant la fin de la semaine. Cependant, je suis toujours l'humble sujet de votre altesse.

LE DUC.

Oh! Dieu me garde de vous demander un pareil sacrifice... Non! j'ai tout arrangé. J'ai envoyé mon fidèle Jacopo comme si c'était de votre part chercher à son logis votre belle Cosima; et il va l'amener ici bien voilée , bien furtive... bien tremblante. Toutes les mesures sont prises pour qu'on ne se doute pas qu'elle vient vous trouver dans mon propre palais. Allons! vous ne m'en voulez pas d'avoir dérangé un peu vos projets? Le comte est si bourgeoisement jaloux de sa femme, que je n'aurais pas été en sûreté ici avec elle. Et messire Alvise, est-il jaloux?

ORDONIO.

Oh! de ce côté-là, je ne risque rien. Cet homme est si aristocratiquement tranquille, qu'en aucun lieu du monde...

(Il avance l'aiguille de la pendule placée sur le socle.)

LE DUC, qui l'observe.

Que faites-vous là?

ORDONIO.

J'avance l'aiguille de cette pendule. Forcé d'être assistant dans un duel vers le milieu de la nuit, je ne veux pas qu'on me retienne ici plus qu'il ne faut.

LE DUC.

Vous songez à tout! — Allons! accompagnez-moi jusqu'à la sortie des jardins. — ( Lui montrant une porte à droite. ) Vous savez qu'il y a ici un boudoir assez joli?

(Ordonio s'incline en souriant. Ils sortent et ferment la porte en dehors.)

# Scène III.

## COSIMA, JACOPO.

Cosima au domestique qui vient de l'introduire par la porte de gauche. Elle est fort pâle. Son voile est jeté en désordre sur ses épaules. Son regard est tantôt fixe, tantôt effaré. Sa voix est changée.

COSIMA.

Où me conduisez-vous? ce n'est point là la maison de votre maître. Ce n'est point ici que je suis venue dans la journée.

JACOPO.

Votre seigneurie est dans une maison voisine du palais ducal, et appartenant aussi bien que l'autre au seigneur Ordonio. Votre seigneurie m'a déjà fait l'honneur de m'interroger en chemin, et j'ai eu l'honneur de lui faire la même réponse.

COSIMA.

Ah! je ne m'en souvenais pas. (Avec un frisson.) Mais cette maison-ci est-elle sûre?...

JACOPO.

Encore plus que l'autre, madame.

COSIMA, lui donnant de l'argent.

Vous ne direz jamais rien contre moi, n'est-ce pas? Quand même je mourrais bientôt, vous ne vous croiriez pas délié de votre silence? Songez qu'il y a un Dieu!

JACOPO.

Soyez sans crainte, madame.

(Il salue et se retire par où il est venu.)

COSIMA, fait involontairement un pas pour sortir avec lui, puis elle s'arrête et l'écoute fermer la porte en dehors.

Il le faut! — Plus d'espoir! — O mon Dieu! vous m'avez abandonnée! Vous m'avez placée entre deux crimes, le suicide ou la corruption! Vous n'avez pas voulu me laisser un seul appui. Mon oncle! Néri!... où sont-ils? Je n'ai pu les joindre de la soirée. Avec quelle horrible rapidité ces heures se sont écoulées! Toutes mes espérances ont été anéanties, tous mes efforts inutiles, et mon implacable destin s'accomplit! — Et ce duc qui devait me sauver et qui aussitôt m'a oubliée! Aucun secours, aucune pitié! nulle part un ami! Mon Dieu!... (Elle s'approche d'une fenêtre et soulève le rideau. On entend le son des instruments dans le lointain.) Le palais est bien près d'ici, en effet. — Des illuminations! de la musique... une fête!... Ah! je comprends maintenant que le prince ne pouvait ni se rappeler les dangers d'une pauvre femme, ni laisser monter jusqu'à lui le cri de sa douleur! — Ne pourrais-je pas faire une dernière tentative, courir à travers ce jardin, pénétrer dans ce bal, me jeter aux pieds du souverain, le sommer de tenir sa parole en face de toute sa cour? Ah! dans leurs idées, un duel est une chose sacrée, et nul ne voudra l'empêcher!... le duc seul l'aurait pu, et il ne l'a pas voulu, lui qui me faisait de si belles promesses!... Il y pensera demain quand Ordonio ira se vanter à lui de ma défaite, ou quand on ramassera le corps ensanglanté d'Alvise dans quelque fossé de la ville. — Deux fois déjà ce soir je me suis présentée aux portes de ce palais; j'en ai été repoussée comme on repousse un mendiant! J'ai écrit trois lettres au duc, que seront-elles devenues? Elles font peut-être en cet instant la risée de quelque page! — Et Alvise! Alvise, où est-il à cette heure?... Ah! ce que m'a écrit Ordonio est bien vrai; c'est bien cette nuit qu'ils vont se battre si je ne me dévoue à l'opprobre pour le sauver. Pourquoi n'est-il pas rentré après son travail comme les autres soirs? Il n'a pas voulu me voir; il a voulu mourir sans me dire un mot, sans me pardonner, sans m'entendre!... Oh! le quitter ainsi, le quitter pour toujours!... J'irai à ce palais, j'irai!...

(Elle reste anéantie. La musique se fait entendre de nouveau dans l'éloignement.)

Ah! déjà! voici l'heure fatale! plus d'espoir!... Et si Ordonio ne venait pas! s'il m'avait trompée!... s'il m'avait attirée dans un piége pour m'empêcher de troubler leur vengeance!..... Et s'il revenait vers moi couvert de son sang!... ( La musique se fait entendre de nouveau dans l'éloignement.) Le bruit de cette fête est le glas de mon agonie. Ah! princes, on dit que vos réjouissances coûtent cher au peuple; en voici une qui me coûte bien plus que la vie! — Ordonio ne vient pas! —Chaque minute est un siècle... Et si j'allais mourir auparavant!

(Elle tombe sur ses genoux.)

# Scène IV.

### ORDONIO, COSIMA.

COSIMA, se relève avec un cri d'horreur.

Déjà!...

ORDONIO.

Merci de l'accueil, gracieuse dame.

(Il jette son épée sur une chaise.)

COSIMA.

D'où venez-vous? Où est Alvise?

ORDONIO.

Alvise m'attend; sans aucun doute il est exact au rendez-vous, et maintenant il s'impatiente. Il ne faudra pas le faire attendre pour

rien, madame. Si vous êtes toujours aussi dédaigneuse pour moi, je
ne me soucie pas de passer ici pour un sot et là-bas pour un lâche.
Décidez lequel de ces deux rôles je dois jouer; mais ne comptez pas
que je veuille les jouer tous deux en même temps.

COSIMA, anéantie.

Vous me voyez ici, messire !

ORDONIO.

C'est me dire que, pour préserver les jours d'un époux adoré, vous
voulez bien écouter en détournant la tête les plaintes d'un amant re-
buté ! C'est grand, c'est romanesque... mais, entre nous, c'est parfaitement ridicule. Quittez cet air contrit, et dépouillez, de grâce, ne
fût-ce qu'un instant dans votre vie, cet air de victime qui vous rend
si charmante, il est vrai, mais qui ne peut m'en imposer. Voyons !
votre coquetterie n'est-elle pas assouvie, Cosima ? Ne suis-je pas
arrivé à ce que vous vouliez faire de moi, un enfant, un esclave, un
homme sans tête et sans cœur ? Que vous faut-il encore ? Ne suis-je
pas ici à vous implorer, tandis que là-bas votre mari me méprise, et
que chaque instant perdu à vos pieds me déshonore à ses yeux ? —
Vous ne m'écoutez seulement pas !

COSIMA, absorbée.

Vous ne m'avez jamais aimée !

ORDONIO, à part.

Elle a l'air égaré ! Est-ce un jeu ? Voyons !... (Haut.) Que vous êtes
belle ainsi ! cette pâleur, ces cheveux épars...

COSIMA, s'éloignant de lui avec une aversion insurmontable.

Ne me touchez pas !

ORDONIO, sèchement.

Ah çà ! vous me fuyez avec une répugnance !... Si c'est une comédie
pour me retenir en me flattant d'un vain espoir, et me faire manquer
en pure perte à un rendez-vous d'honneur, ne comptez pas que je
m'y laisse prendre.

(Il va froidement prendre son épée et feint de vouloir sortir.)

COSIMA, hors d'elle-même.

Ne vous contenterez-vous pas de ma soumission? faudra-t-il y
ajouter la feinte ? Mon Dieu ! dois-je avoir le sourire sur les lèvres
quand j'ai la mort dans l'âme ?

ORDONIO.

Et lorsque je vous fais horreur, n'est-ce pas, Cosima? Oh! non,
non! madame! Ce n'est pas ainsi que je l'entendais, car au fond je
me croyais aimé.

(Il feint de vouloir sortir encore ; elle le retient.)

COSIMA.

Oh! tenez!... vous l'étiez!... vous le savez bien.

ORDONIO.

C'est pour cela que je ne croyais pas mon rôle si odieux que vous
voulez le faire en cet instant !

COSIMA.

Je vous aimais d'un amour si pur!... souvenez-vous, ayez pitié!...

ORDONIO.

Et mon amour, à moi, vous déshonore?... Il est vrai qu'en ce
moment-ci déjà je suis un homme perdu de réputation... Mais c'est
vous qui le voulez!

COSIMA, se mettant à genoux.

Ordonio, vous êtes orgueilleux. Vous aimez à commander. Vous
pensez que la femme est un être inférieur à l'homme, qu'elle doit lui
céder et lui appartenir en dépit de tout. La dignité, la   chasteté que
j'ai voulu garder vous ont irrité contre moi... Eh bien! voyez! je m'humilie, je me soumets. Je vous fais arbitre de mon sort... Je vous
implore à genoux! Tuez-moi! Un esclave fut-il jamais tenu de s'abaisser davantage? Soyez généreux , prenez ma vie , laissez-moi l'honneur !...

ORDONIO.

Et mon honneur à moi, madame? Croyez-vous que votre sang laverait la tache que vous allez y faire? Vous craignez vos remords.
Vous trouvez fort naturel que pour vous je m'expose au mépris des
hommes. Oh! non pas! non pas! il n'en sera pas ainsi.

COSIMA, s'attachant à ses genoux.

Rien ne peut te fléchir? Au nom de ta mère, au nom de tes sœurs!
au nom de celle qui sera ta femme un jour! au nom de notre amour
qui peut renaître purifié par l'honneur!...

### ORDONIO.

Notre amour s'est changé en haine, madame. C'en est assez! Oh!
je vois bien que votre but est de gagner du temps. Sachez bien que
vous ne m'avez pas joué! L'heure n'est pas passée, j'ai encore le
temps de conserver l'estime des hommes et de braver l'astuce des
femmes! Vous ne pouvez vous résoudre à être sincère? Vous ne me
connaissez pas! (Elle s'attache à lui.) Arrière!... Votre mari attend!

COSIMA, montrant la pendule qui marque une heure du matin.

Il ne vous attend plus! Il est trop tard!

### ORDONIO.

Vous vous trompez, madame! Écoutez! Cette pendule avance
d'une heure.

(L'horloge du palais ducal sonne minuit dans le lointain.)

COSIMA, s'élançant vers Ordonio avec désespoir et le retenant.

Eh bien!...

(Ordonio l'entraîne d'un pas vers le boudoir. Aussitôt paraissent le duc, Alvise,
Néri, le chanoine, le barigel.)

# Scène dernière.

## ORDONIO, COSIMA, LE DUC, ALVISE, NÉRI, LE CHANOINE, LE BARIGEL.

Au moment où Ordonio va franchir la porte de droite qui conduit au boudoir,
le duc en sort ayant Alvise à sa gauche et Néri à sa droite. Derrière eux viennent le chanoine et le barigel. Ordonio abandonne Cosima.

ALVISE, s'élançant vers Ordonio l'epée à la main.

Infâme! c'est ta dernière heure qui sonne!

(Ordonio veut se défendre. A l'instant même, Néri et les autres personnages se
jettent entre eux. Le duc abaisse la pointe de l'épée d'Alvise avec la sienne.
Cosima se précipite au cou de son mari.)

### LE DUC.

Vous êtes bien hardis, messieurs, de tirer l'épée en ma présence!
Est-ce ainsi, messire Alvise, que vous reconnaissez ma protection et
que vous respectez mon droit de grâce? Vous vouliez une satisfaction? Je vous l'ai donnée terrible pour votre adversaire, car il vient

de se déshonorer sous vos yeux; et quelque mensonge qu'il ait à son service pour l'avenir, nous sommes ici quelques témoins honorables qui saurons proclamer la vérité si l'on nous y contraint! Tenez-vous donc tranquille! Il voulait vous ôter l'honneur... Laissez-lui la vie...

ORDONIO, pâle de fureur.

Monseigneur, si votre rang ne vous mettait à l'abri de tout; si, oubliant que vous êtes prince, vous vouliez vous rappeler que vous êtes chevalier, je vous demanderais raison de cette trahison.

LE DUC.

Messire Ordonio, si votre qualité d'étranger ne vous mettait à l'abri de ma justice, je pourrais me souvenir que je suis chevalier et vous châtier comme vous le méritez. Mais la foi des traités me force à vous épargner. Vous sortirez de mes états, sous bonne escorte, à l'instant même !

ORDONIO.

Et quel est mon crime? Ai-je fait violence à cette femme?

LE DUC.

Vous l'avez violée dans sa conscience, et c'est la pire violence qui se puisse commettre! (A Cosima.) Madame, pardonnez-moi les angoisses que je vous ai causées, et l'oubli où j'ai paru vous laisser. Je n'ai pas cessé un instant de veiller sur vous, mais je devais m'assurer de la vérité, et l'équité a passé avant la courtoisie.

COSIMA.

Oh! monseigneur! votre protection a été ingénieuse et je vous en remercie .. Mais ce que le sort avait décidé... est accompli... et il est trop tard pour le réparer... Oh! Alvise...

LE CHANOINE.

Ma fille, tout est réparé; que tout soit effacé. Alvise a le cœur assez grand pour que la tendresse y efface la souffrance. (S'interrompant.) Ah! voyez comme elle pâlit ! Ses lèvres sont bleues... Cosima, qu'avez-vous?

COSIMA, se laissant tomber des bras d'Alvise aux genoux du chanoine.

Mon père, absolvez-moi... priez pour moi ! J'ai manqué de confiance en Dieu !...

### LE CHANOINE.

Malheureuse enfant!... Achève.

### COSIMA.

Je me suis empoisonnée...

(Elle tombe inanimée. Un cri général. Alvise se jette sur elle avec désespoir. Dans la confusion et la consternation générale, Néri se jette sur Ordonio, le prend à la gorge et l'amène auprès de Cosima.)

### NÉRI, à Ordonio.

Tiens, bourreau! voilà ton ouvrage! La voilà cette femme qui aspirait à l'honneur d'être flétrie par toi! Tu avais deviné juste. Je l'aimais comme un insensé: mais je n'étais pas comme toi un parjure et un infâme, et je serais mort mille fois plutôt que de le lui faire savoir. Maintenant que tu le sais, toi... et que tous le savent... on saura bien aussi pourquoi je délivre la terre d'un monstre!

(Il lui plonge un poignard dans la gorge.)

### LE DUC.

Que faites-vous, malheureux? C'est un assassinat... Vous vous livrez vous-même à la mort!

### NÉRI.

Ce que je viens de faire, Alvise l'eût fait. Il était dans la destinée de cet homme de périr de ma main. Déjà une fois je m'en étais accusé pour sauver Alvise; je n'avais fait que la moitié de mon devoir.

FIN.

www.ingramcontent.com/pod-product-compliance
Lightning Source LLC
LaVergne TN
LVHW021446170726
843501LV00005B/1519